自閉スペクトラム症の

「できる」をかなえる！

構造化のための支援ツール

環境・時間・活動の
見える化アイデア34

個別編

佐々木敏幸・縄岡好晴　著

明治図書

推薦の言葉

　私がはじめて佐々木先生にお会いしたのは，東京都教育委員会による「知的障害特別支援学校における自閉症教育の充実事業」において，都立港特別支援学校のコンサルテーションにおうかがいしたときでした。

　研究担当の先生から各教室を案内され，佐々木先生の教室を訪問したときに，作成された支援教材の多さに驚かされました。後で美大出身だとおうかがいし，「なるほど」と納得したのを記憶しています。

　あるとき，コンサルテーションを行う中で，言葉によるコミュニケーションが困難な一人の自閉スペクトラム症（以下 ASD）の子どもがいました。彼はのどが渇いたときにお茶を飲みたいことを伝えたいのですが，うまく伝えることができませんでした。教室の壁にやかんの絵が描かれたカードが貼られていたのですが，そのカードをうまく使えることができませんでした。なぜ使えないのかを検討した結果，自分の机から離れたところに貼られているからではないかと考え，その子どもの机の上に絵カードを置くようにしたところ，お茶を飲みたいときに，その「やかんの絵カード」を佐々木先生に渡すことができるようになりました。

　このときに，佐々木先生と私の気持ちが通じ合えたような気がしました。

　その後，佐々木先生は本格的に ASD 児者の教育について勉強をされるべく早稲田大学大学院に内地留学され，ノースカロライナ TEACCH Autism Program ツアーにも参加されて，熱心に構造化の勉強をされました。

　本書ではそのような長年の実践経過を踏まえ，臨床の現場で生じた様々な問題を解決されている様子がわかりやすく説明されています。

　ドアノブ拭きと雑巾の違いや，音を遮断するためのテニスボールの使用などは，まさに現場の臨場感が伝わってきます。

　とりわけ，バスの乗降者確認 Book は，やることがない（わからない）ときに問題行動が生じやすい ASD の子どもの特徴を見事にとらえ，素晴らしい教材となっています。

本シリーズは，個別編と集団編に分かれていますが，いずれも構造化の実践における説明の後に，具体的写真が提示されているため，簡潔でわかりやすい流れになっています。

　一つひとつの事例が，まるで実際にASDの子どもとかかわっているような臨場感があり，単にわかりやすいだけではなく，専門的知識がいたるところにちりばめられており，初心者からベテランの先生方にまで参考になるものと思います。

　本シリーズは，知的障害を伴うASDの子どもの構造化による指導の基本的実践マニュアルとして，極めて参考になる良書だと考えます。私自身，本書を読みながら現場で使える構造化の考え方を再度勉強しなおすことができました。

　研究意識の高い臨床家としての佐々木先生の今後の実践がさらに楽しみになってきました。

早稲田大学教授

梅永　雄二

はじめに

　教師としての力量を試されるような出来事（例えば子どもの行動問題）が，眼の前で起きていたとします。

　自閉スペクトラム症（本書では以下，「ASD」と表記します）など，特性のある子どもの行動の背景を「わからない」まま，経験則に頼った向き合い方をしていませんか⁉
　所属するチームの雰囲気に呑まれ，その場しのぎの対応に陥ったりはしていませんか⁉
　たとえ経験や思いつきが功を奏したとしても，良き支援者（教師）としての成長へつなげることは，難しいかもしれません。
　子どもの困り感は変わらないまま，飽和状態へ向かうかもしれません。
　行動には必ず理由があります。困っているのは，きっと子どもの側です。

　私は長年，「行動障害」と呼ばれる課題を抱えた ASD の子どもたちと生活を共にしてきました。教師になりたての頃は，沢山の失敗も重ねています。
　子どもが激しい行動に至る背景には，性格や嗜好などの個人内の要因よりも，障害特性への配慮に課題があったり，（人も含む）環境との相互交渉の末，二次的に生じてしまったりした行動なのではないかと考えるようになりました。
　ASD の人は，ヴィジュアル・ラーナーと呼ばれます。
　彼らに寄り添う手立ては，見て理解できるという学習スタイルを知り，個に応じて理解を助けることにあります。そのことにより，不安を取り除き，信頼関係を築いていくことができると考えています。

「モノを介してコミュニケーションする」
　構造化とは，個別の特性や好み，強みを活かした合理的配慮といえます。
　ASD の人には，言葉による情報のやり取りの苦手さや対人関係の困難さ

を抱えやすい特性があります。そのため，支援者には，具体的なモノ（アイデア）を提案しながら対話を重ねる柔軟性と発想力が必要です。

また，そのアイデアの具現化には「完成度」が大切だと考えています。完成度とは，ASD の人のせつじつさに対する「合理的配慮度」といっても過言ではありません。本書では，具体的なツールの開発や環境設定など，制作するための「作り方」も提案したいと思います。

先手の支援を創造しながら，子どもたちの安心を支えていく。このことが，教師としての成長と喜びに結びついていくものと信じています。

本書では，読者の皆さんに実践現場で参考にしていただきやすいように，次のようなページの構成にしました。

- つまずきをひもとく（子どもが抱える課題への気づき）
- 具体的設定と変化（具体的な場面）
- 画像（教育的支援の解説）
- 大切にしたい視点（具体的な手立て）
- 何のための構造化!?（ねらい）

そして，巻末には「作り方」をまとめてみました。

構造化は，客観的な視点（アセスメント・記録など）による実態把握に基づいて，個々のつまずきを的確に支援するための方法です。よって，個別に検討する必要があります。本書に示した事例は，対象とした子どものために実践した方法であり，汎用的に用いるものではないかもしれません。

しかし，具体的な実践事例を知ることによって，読者それぞれの現場にいる，困難を抱えた子どもたちの支援に役立てられるものと考えています。

目の前の一人は，決して一人だけではなく，その向こうにある社会へつながっています。共に「子どもから学ぶ」ことを大切に実践していきましょう。

著者を代表して──

佐々木 敏幸

支援ツールに活かせる身近な素材
丈夫で安全な支援ツールを効率よく作るために

お金, 時間, 技能…「ない」ことを根拠に, できない理由探しに陥りがちになってはいませんか。構造化は, 身近な物を工夫して作るのが基本です。

POINT 段ボールを恒久的に使える素材「基礎段ボール」に変える

「無料」で手に入る段ボールは, 安全かつ簡単に環境づくりができる素材として欠かせません。不要になったら廃棄できることも大きな利点です。ただし, 子どもたちのニーズへ的確に配慮するためにひと工夫が必要です。

「基礎段ボール」の作り方

❶付着したテープやラベル類を全て剥がし, のりしろ部分（接着箇所）をカッターナイフで切り離して, 箱の形状から展開する。

❷商品名などが印刷された面の半分へ木工用ボンドを均一につける。

❸商品名がある外側だった面同士で接着する。机や椅子などの重しをのせ, 全体へ均一に圧力がかかるようにして置き, 一晩乾燥させる。

❹翌日, 重しを外し「基礎段ボール」完成。二重で強度が増し, 厚みがあるため切り口に接着剤をつけて成形することができる（のりしろは必要なし）。

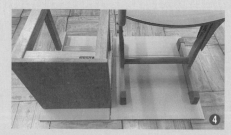

「プラダン」は短時間で丈夫に作れる

　プラダン（プラスチックダンボール）とは，紙ダンボールと同じ形状をしたポリプロピレン製の中空ボードです。ホームセンターなどで，安価で手に入ります。柔軟な素材で安全性に優れ，軽くて丈夫で再利用可能な素材でもあります。色が豊富で加工も簡単なため，支援ツールの素材として最適です。接着のコツは，十分に熱したグルーガンを使うことです。温度が下がれば，すぐに活用可能です。

汎用性の高い「ポリプロピレン素材」

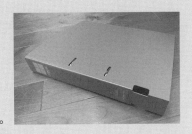

　一般に PP と呼ばれるプラスチック素材の1つです。本書では「PP 素材」と呼び，ファイルなどの学校現場によくある PP 製品を活用したツールなどの開発について紹介します。

「木材」で制作すれば間違いない！

　多少のコストや手間はかかりますが，丈夫で温もりのある最良の素材です。永続的に活用するツールに適しています。鋸（のこぎり）で切断する技術が必要ですが，ホームセンターでミリ単位までカットしてもらうことも可能です。よって，用途に合わせて材を選び，好みのサイズに加工できれば，接着と塗装だけで，簡単に頑丈なツールが作れます。木工技術があれば，子どもたちのニーズへ的確に対応できる素材といえます。

支援ツール制作に役立つ基礎用具

基本的な道具・材料があれば，簡単に楽しく制作できる！

道具・材料さえあれば，仕上がりの良い教材・教具をたやすく自作できるようになります。少しの予算で，簡単・便利な用具類を揃えてみましょう。

接着する・くっつける

❶木工用ボンド（速乾性等）
❷各種接着剤
❸グルーガン（ホットボンド）
❹面ファスナー（粘着付）
❺ステンレス板（粘着付）
❻マグネットシート（粘着付）
❼ビニールテープ
❽両面テープ
❾セロハンテープ

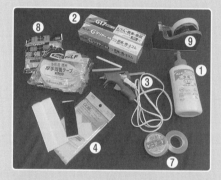

塗装する・彩色する

❶アクリル絵具（ガッシュ）
❷ジェッソ（下地用絵具）
❸折り紙／色紙
❹スプレー
❺マスキングテープ

測る

❶各種定規・三角定規
❷コンベックス（巻き尺）
❸スコヤ（直角および45°用）
❹さしがね

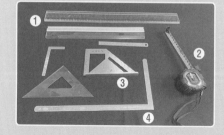

保護する・覆う

❶ラミネーター
❷水性透明ニス（合成樹脂系）

 ## 切る・切断する

❶カッターナイフ
❷ハサミ
❸鋸（のこぎり）
❹糸鋸盤（いとのこばん）
❺アクリルカッター

 ## 組み立てる・仕上げる

❶（電動）インパクトドライバー
❷（電動）オービタルサンダー
❸ヤスリ・サンドペーパー

 ## その他

❶コーススレット（ネジ各種）
❷クランプ
❸カッティングマット
❹刷毛・筆
❺クリアフォルダー（PP素材）
❻テプラ（ラベルライター）
❼各種ペンチ
❽各種ドライバー（ビット）
　及びドリルビット
❾モンキーレンチ
❿スクレーパー
⓫面とりカンナ

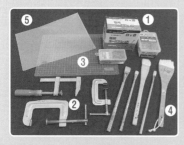

もくじ

第1章　構造化の利点とポイント

第2章　構造化のための支援ツール

時間の構造化

活動の構造化

第3章　支援ツールの作り方

第1章

構造化の利点とポイント

情報をわかりやすくするために

🔑 構造化とは

構造化という言葉を聞いて皆さんはどのようなイメージを受けますか。

「構造化」とは，「周囲の状況を，自分の力で理解し，自分に必要な情報を選出し，適切な行動を行う」ことをたやすくするための手段（Mesibov.G）です。

例えば，仕事上の約束があって移動している最中に，事故で急に電車が止まってしまったとします。いつ何をするのか，自分の中で見通しをもって行動していたのに，それが崩れてしまう場面です。間に合うかどうか不安になったり，時にはイライラしたりするかもしれません。そんなとき，みなさんはどうされるでしょうか？まず，車内アナウンスに耳を傾け，今後の見通しに関する情報を得ようとするでしょう。そして，車内の多く人がスマートフォンなどを手にするでしょう。他の移動方法を調べたり，必要な相手に連絡をしようとしたりするかもしれません。見通しの立たない状況は，多くの人にとってストレスになりうるものです。それまでの見通しが崩れたとき，多くの人は，自ら必要な情報を集め，状況を理解し，新たな見通しを立て直そうとするでしょう。

🔑 ASD の方の気持ちから考える

私たちの日常には，見通しを立てるための様々な情報が散りばめられています。駅や商業施設の案内板，電車内の路線図，信号，テレビやネットなどのニュース・天気予報…。多くの人は，必要に応じてそれらを参照し，ある

程度の見通しを立て，行動を選択し，一定の安心感をもって行動しています。一方で，ASD のある人たちは，生活の中に溢れた情報の中から，自分に必要な情報を抽出し，理解し，それを踏まえて行動を組み立てることに困難さを抱えています。そのため，例に挙げたような誰にとってもイレギュラーな事態だけではなく，日常の多くの場面で，見通しの立たなさからストレスを感じている人が少なくありません。たとえるなら，毎日が見知らぬ国の見知らぬ儀式に参加させられているような感じかもしれません。

　自分がどうふるまうべきなのか，いつになったらこの儀式が終わるのかもわからない。言葉も通じず誰にも聞けない。失敗したら誰かに怒られるかもしれない。何やら不快な音もしてきた…。ASD のある人は，多くの人にとって何でもない日常場面でパニックを起こしたり，他の人には無意味に思えるような一定の繰り返しの行動をしたりすることがあります。見知らぬ国の謎の儀式に参加させられていると考えたら，それらの行動も理解しやすいかもしれません。そして，彼らのストレスの大きさが想像できるでしょう。

　そこで，ASD のある人が，必要な情報をきちんとキャッチし，理解し，見通しをもって行動できるように環境を整えることが，「構造化」と呼ばれるサポートです。

02 教育現場での構造化の意義

🔑 安心して学校生活を送る

　ASD のある子どもが安心して学校生活を送るためには，どのようなこと
が必要でしょうか。

　学校や学級の種別によってその規模に差はあれ，学校では一定の集団での
活動が中心となります。ASD のある子どもは，集団に対して一律に提供さ
れる情報を必要に応じてキャッチすることが苦手なことが多いです。そのた
め，必要な情報を個々の子どもに合わせて個別的に提供する必要があります。
つまり，個々の子どもに合わせた構造化が必要になります。まず学校生活全
体の流れを理解し，そして授業や作業，給食や着替えなどの各活動において，
何をすべきかを理解して動き，必要な場面で自らの意思を発信し，それぞれ
の活動に一定の達成感をもって取り組めることが望まれます。それらを実現
することで，子どもは安心して学校生活を送ることができるようになるでし
ょう。新しい知識やスキルを獲得する以前に，必要となる事柄です。

🔑 自立的に動くことを目指す

　また，構造化は，ただ定められたように動くことを教えることと誤解され
ることも多いです。しかしながら，構造化によって本来目指したいことは，
自立的に動くことです。構造化された環境の中で，状況を理解し，行動を選
択し，時には「休憩したい」「もっとほしい」といったコミュニケーション
も自発的に取りながら，達成感をもって活動することです。個々の子どもが
自立的に動けるようになることの意義は，言うまでもないでしょう。一方で，

集団の中で，自立的に行動できる子どもが増えること，またその場面が増えることには，どのような意味があるでしょうか。集団での学校生活において，教師の手は限られています。自立的に行動できる子どもが増えると，教師の手が一定の間空くことにつながります。空いた手で何ができるでしょうか？ASD のある子どもは，前述の通り，集団の中で情報をキャッチすることが苦手です。そのため，新たなスキルや知識の獲得も，個別的にサポートする必要があります。つまり，1対1でのアセスメントや指導が必要になる場面があります。多くの子どもが自立的に活動できず，1日中教師の声かけや誘導を必要としていたら，計画的に1対1でサポートする時間を確保することは困難です。構造化により子どもの自立的な活動を実現することで，同時に，限られた教師のリソースを効果的に配分し，子どもの新たな学びに還元することが可能になるでしょう。

03 構造化の具体的な手立てとは

　構造化とは，「環境を整えること」とも先に述べましたが，具体的には何をどのように整えることなのでしょうか。ノースカロライナ大学で開発された「TEACCH Autism Program」では，何を整えるのか，ということに関して，①物理的な構造化（環境の構造化），②時間の構造化，③活動の構造化という３つの切り口が提唱されています。そして，どのように整えるのかということに関しては，④視覚的構造化という言葉で説明されています。

物理的な構造化（環境の構造化）

　例えば，海外で自分と共通の言語をもたないガイドがアテンドするツアーに参加したとします。今何をするときなのかを理解するために，一番わかりやすい手がかりはなんでしょうか。それは「場所」ではないでしょうか。例えば，バスに乗っている間は，「移動時間」だなとわかりますね。また，目的地とは思えない場所で降ろされたとき，近くの建物に入ったら，トイレと思しき設備がある。「あ，これはトイレ休憩かな」とわかりますね。一方で，日本の大きなサービスエリアのように，食事をするところも，買い物をするところも，トイレもあるような複合施設で降ろされたら，トイレ休憩かな？食事も済ませた方がいいのかな？と迷ってしまいますね。場所と活動が１対１で対応していると，場所が強力な手がかりになり，何をするのかがわかりやすくなるのです。

　教室の中でこの観点を取り入れるには，どのような方法が考えられるでしょうか。教室内をエリア分けし，１つ１つのエリアで行うことを限定する，ということがよく行われます。一人で勉強や作業を行うエリア，集団活動を

するエリア，休憩をするエリア…といったように，ついたてや棚，マットやテープなどで教室内を区切り，各エリアでの活動を限定することで，子どもにとってのわかりやすさを高めることができます。これが，「物理的な構造化」（環境の構造化）です。

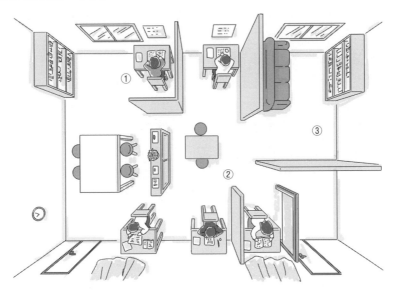

①壁に向かって座ることで多くの刺激が遮断され，より集中しやすい状況になります。
②二人の間にパーティションを設定することによって隣の人の動きが気にならず集中できます。
③ソファとパーティションを使用することで休憩エリアが明確となります。

物理的構造化（環境の構造化）

🔑 時間の構造化

　「物理的な構造化」（環境の構造化）によって，各エリアに誘導されれば，「何をするのか」が大まかに理解できるかもしれません。でも，それだけではエリアをまたいだ1日の流れを理解することは難しく，エリアの移動を自立的に行うことも困難です。そこで必要なのが「時間の構造化」です。スケジュールともいわれ，「いつ」何をするのかを個々の子どもにとってわかりやす

いように，個別的に伝えるものです。物理的な構造化（環境の構造化）がなされている教室であれば，主に「いつどこへ行くか」を示します。例えば，集団活動エリアと個別学習エリアが分かれている教室で，ひらがながわかる子どもに対して，「朝の会→個別学習」という流れを伝えるのに，「あつまり」と「べんきょう」と書かれたカードを上から順番に貼って示します。集団エリアには，「あつまり」カードを入れるケースが用意されていて，子どもはまずスケジュールの「あつまり」カードを手にとって，集団エリアへ移動し，ケースにカードを入れます。「朝の会」に参加し，終わったら，またスケジュールに戻り，「べんきょう」のカードを手にして個別学習エリアへ移動します。これにより，子どもは複数の活動をどのような順番で行うのかを理解しやすくなり，エリアの移動も自立的に行えるようになります。この時間の構造化，スケジュールは，個々の子どもの「わかりやすさ」「操作しやすさ」を軸に，その形式や長さを調整する必要があります。

🔑 活動の構造化

　活動の構造化は，「ワークシステム」「アクティビティシステム」などと呼ばれることもあります。物理的な構造化によって，各エリアで何をするのかを大まかに伝えることはできますが，例えば活動の量などの細かな点を伝えることはできません。活動の構造化は，「何をするのか」「どのくらいの量を行うのか」，「どうなったら終わりか」，「終わったらどうするのか」といった要素を個々の子どもにわかりやすく伝えるものです。具体的な活動の構造化の方法は多岐に渡ります。例えば，一人でタオル畳みの作業を行う場面では，机の左端に畳んでいないタオルが複数入ったカゴを置き，右側に畳んだタオルが1つ入ったカゴを置いておくことで，左側のタオルを1つ取って畳み，右のカゴに入れる，左のカゴのタオルがなくなったら終わり，といった活動の流れを伝えます。ここでも，一人一人の子どもの「わかりやすさ」に応じて，方法を調整することが重要です。

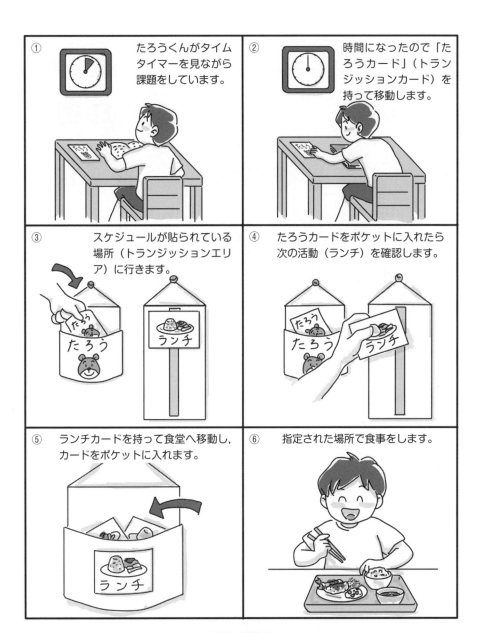

① たろうくんがタイムタイマーを見ながら課題をしています。

② 時間になったので「たろうカード」（トランジッションカード）を持って移動します。

③ スケジュールが貼られている場所（トランジッションエリア）に行きます。

④ たろうカードをポケットに入れたら次の活動（ランチ）を確認します。

⑤ ランチカードを持って食堂へ移動し，カードをポケットに入れます。

⑥ 指定された場所で食事をします。

時間の構造化

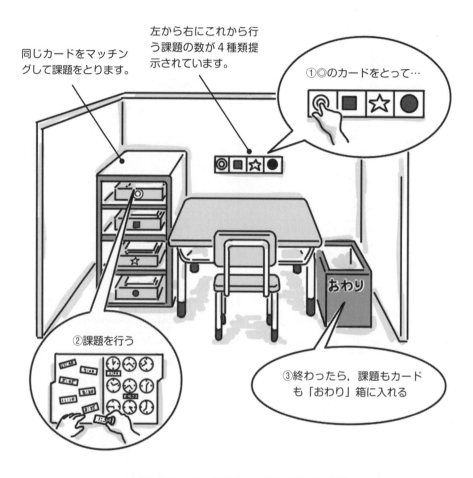

活動の構造化（一人で取り組む際の課題の設定）

🔑 視覚的構造化

　「視覚的構造化」は，前述の通り，ここまでに挙げた３つの構造化におい
て活用する視点です。ASD のある子どもは，視覚的な刺激の理解に長けて
いることが多いことも踏まえ，各構造化を行う際には，個々の子どもが「見
ただけでわかる」ように環境調整を行います。この視覚的構造化には，「視
覚的指示」「視覚的組織化」「視覚的明瞭化」という３つの要素が含まれます。

ボールペンを組み立てる作業で考えてみましょう。「視覚的指示」は，文字通り指示を視覚化することです。例えば，組み立ての１つ１つの工程を写真に撮り，それを順番に貼って示すことが「視覚的指示」です。「視覚的組織化」は，使うものをわかりやすく整理して配置することでわかりやすさを高めることです。ボールペンの部品は小さく，例えば，１つのカゴに複数の部品が混ざった状態で入っていると，作業をスムーズに進めることは難しくなるでしょう。そこで，例えば部品を種類ごとに分けて使う順番に並べ置くことが，「視覚的組織化」に当たります。最後は，「視覚的明瞭化」です。赤と黒の２種類のボールペンの組み立てをして，完成品を色ごとに分けて入れてもらいたいときに，完成品を入れる場所のミスが目立ったとします。対策として，例えば完成品を入れるカゴの縁にそれぞれの色のテープを貼ると，色に注目しやすくなり，ミスを予防できるかもしれません。このように，特に重要な情報を視覚的に強調し目立たせることが「視覚的明瞭化」です。

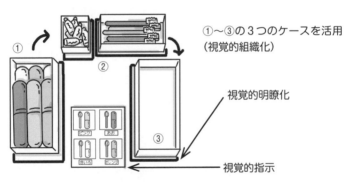

視覚的構造化（自立課題より）

課題：携帯用の歯ブラシセットの組み立てによる自立課題
●視覚的指示：文字及び写真による指示書で何を作るのかを具体的に示します。
●視覚的組織化：３つのケースを活用し，左から右の流れで活動を行い，最後に右のケースに完成品を入れます。
●視覚的明瞭化：場所の位置関係を示した枠線（ジグ）を活用し，３つのケースを置く位置を明確に示しています。

04 指導への活かし方

　ASD のある子どもに対して，構造化が有効であることは，最近では多くの人に知られるようになってきました。しかしながら，実際に個々の子ども，あるいは教室・学校などが抱える困りごとに対応して，どのような構造化を取り入れることが効果的なのか，また限られた時間と予算の中で必要なツールをどのように準備できるのか，これまでに書籍などで紹介されている理論やツールの例を，現場に合わせてフィッティングし準備することに困難さを感じている現場も多いのではないでしょうか。現場に合わないツールは，子どもも教師も効果を感じられず，形骸化してしまうでしょう。その結果，「構造化」は無意味だ…などと結論づけられてしまうことは，非常に残念なことです。

　本書では，学校の中でよくある「つまずき」に応じて，どのようなツールの活用が考えられるか，またそれをできるだけ効果的かつ簡便に作成するにはどのような材料を使ってどう作ればよいのかなどが丁寧に説明されています。

　御自身が担当されている子どもや現場環境に照らし合わせて御覧いただくと，試してみたい！これはできそう！と思われるものがきっとたくさん見つかることでしょう。

第2章

構造化のための支援ツール

01 学習や活動に集中できる
個別の机上パーティション

こんなときに…
活動の状況に合わせツールを使い分けたいとき

▶▶▶ 作り方　p.100

つまずきをひもとく

　一斉指導など集団の授業では，個別の取り組みへ移行すると周りが気になって集中が続かなくなるような子どもがいます。周囲で動く人や気になる物に注意が向いてしまい，意識が別に移ってしまうからです。ASD の人は，中枢性統合の能力に困難性を示すといわれます。見たものの全体を把握し，取捨選択したり判断したりするのが難しく，刺激がある細部へ注目してしまうと意識が離れづらくなったりする困難です。

　そのため，視覚的に不要な情報を遮断し，集中を高められるような配慮が大切です。授業のたびに人や場所が変化する学校生活にあって，状況に応じて臨機応変に設定できる個別のパーティションがあると便利です。

具体的設定と変化

　個別で用いる机の規格に，ピッタリと合ったパーティションを作ります。座って机に向かうと，周囲の視界が遮断される形状ですが，姿勢を起こすと座位でも周囲が見渡せる高さにします。また，落ちると危険なため，角部の底面に面ファスナーをつけ，簡易的に机へ固定できるようにします。

　毎朝取り組んでいる個別学習で，周囲の状況が気になって集中が難しかった子どもへ，机上パーティションの使用を提案しました。はじめは少し嫌がっていましたが，学習に集中できることがわかってくると，自分で出し入れしながら毎日使用するようになりました。

作業学習の封入作業。分業制の作業では，工程ごとにグループで集まって取り組むため，個別に区切ることで集中を促す。内側へ指示書を取り付けることもできる。

個別机の大きさにピッタリ合わせた大きさ。

🔍大切にしたい視点

- ●集中してほしいときに気軽に活用できるようにする。
- ●子どもが自発的に使えるように教室へ準備しておく。
- ●落下しないように安全に使える。

💡 何のための構造化!?

- ●活動に不要となる視覚的な刺激を遮断するため
- ●集団による学習形態の中でも，個別の環境設定ができるため

物理的

時間

活動

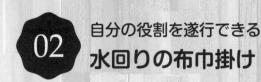

02 自分の役割を遂行できる
水回りの布巾掛け

こんなときに 公共エリアの機能を明確に示したいとき

▶▶▶ 作り方　p.101

つまずきをひもとく

　新学期が始まると，学級開きの一環として係決めを行います。早速，「ドアのノブ拭き係」へ立候補した子どもへ，専用の布巾を渡して一緒に拭き方の練習をしました。翌朝から意気揚々と取り組み始め，「1・2・3…」とかけ声をかけながらドアノブのバーを丁寧に拭けるようになりました。

　ある日，教室にある雑巾掛けに目が止まります。そこには，汚れた雑巾と一緒にドアノブ用の布巾が掛けられていました。子どもは，拭くこと自体は正しくできても，どこに布巾を掛けるのかわからなかったのです。また，他者へ聞いたり確認したりすることの困難も，行動の要因と考えられました。

具体的設定と変化

　水場周辺に置いた雑巾掛けは移動困難です。そのため，布巾を掛ける場所を新たに設けることにしました。給食用の布巾が別にあり，棲み分けも必要です。一般的な3本の可動式布巾掛けは，動いてしまいます。複数の布巾を掛けづらく失敗しやすいため，固定する必要があります。よって，購入するよりも，板と丸棒を組み合わせて自作します。教室の隅（角）の壁2面を使えば，方向を変えて固定でき，動線からも外れていて安全です。また，正しい掛け方のモデルとして写真を貼り，指示書として示します。

　子どもは，ノブ拭きを終えると洗って絞り，掛けるところまでできるようになりました。指示書通りにシワを伸ばし，洗濯バサミをつけられました。

布巾掛けの周囲には何もつけない。流し台の上なのでぶつからない。

🔍 切にしたい視点

- 失敗しないような機能や設置を考える。
- 子どもの理解に合わせた指示書を用い，自立した活動をつくる。
- 係活動が完了したら，教師から感謝の意を伝える。

💡 何のための構造化⁉

- 清潔な状態で布巾を管理できるようになるため
- 失敗することなく布巾を掛けられるようになるため
- 日々の役割活動を「見える化」して子どもを褒めるため

物理的
時間
活動

03 音の刺激を軽減できる
適材適所のテニスボール

こんなときに…… 環境音を調整したいとき

▶▶▶ 作り方 p.102

つまずきをひもとく

　環境音の大半は，人間の行動から生じる音です。特に，意図せずに生じている音には配慮が必要です。ASD の人の多くには，感覚の過敏があるといわれます。その代表的な聴覚に関する過敏がある場合，環境音が過剰な刺激となって集中を乱したり不快さを助長したりしてしまうことがあります。

　朝の会になると，机の脚でゴンゴン…と音を出してしまう子どもがいました。無意識に始めたことが，自己刺激行動のようなこだわりへと発展しそうな様子でした。手持ち無沙汰で，何をすればいいかわからない状況で起こりやすいと考えられます。また，音は集団へも影響するため調整が必要です。

具体的設定と変化

　椅子や机は，反響音をつくりやすい形状をしています。その衝撃や摩擦をつくり出す脚へ，テニスボールをつけて音を軽減しました。配慮すべき子どもの，必要部分へつけることが大切で，全てにつける必要はありません。

　音をつくっていた子どもの，机の前脚へテニスボールをつけました。無意識な行動に音や振動が伴わなくなると，教師の働きかけにも意識が向きやすくなりました。よって，朝の会の出席や予定確認など，参加できる役割を増やし視覚的に理解できるようにしました。役割活動がルーティンとなることで，音を出す行動は減少していきました。また，静かな環境が他の子どもの集中も助け，全員で１日の開始を確認できる朝の会になりました。

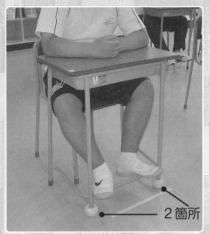

座って椅子をつかんだり机を持ったりして音を出していたため，全脚に取り付ける。音をつくる行動は減少した。

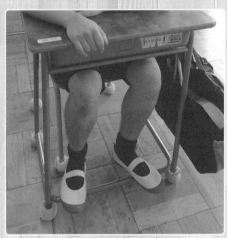

2箇所

机を振り子のようにして音を出していたため，前脚にのみ取り付ける。

🔍 大切にしたい視点

- 音刺激は，やりたくてつくっている行動ではないと考える。
- 抑止するための設定ではなく補助的な手立てと捉える。
- 気になる行動は支援が必要な場面と捉え，代替できる活動をつくる。

💡 何のための構造化!?

- 音が出ないように調整し，環境からの刺激を軽減するため
- こだわり行動へ発展させないようにするため
- 誰にとっても，穏やかで安心できる空間をつくるため

物理的
時間
活動

04 整理整頓ができる
机の中のエリア分け

こんなときに　1つの目的に1つの用途で考える必要があるとき

▶▶▶ 作り方　p.103

つまずきをひもとく

　何度も伝えたり確認したりしていても，机の中が散乱した状態で，なかなか物が取り出せなかったり，忘れ物を取りに教室へ戻ってきたりする子どもがいました。小さなことでも，失敗経験の積み重ねは学習や活動への意欲を低下させ，教師との関係も悪くなってしまいます。

　原因は，机の中が見えづらく整理が困難なため，物を放り込むだけの場になってしまっているからでした。用途に応じ，1つ1つの物が整理されれば取り出しやすく，確認しながら生活できるようになるはずです。

具体的設定と変化

　机で管理できる物品は限られています。筆記用具やメモ帳，個別学習で用いる教材やワークブック，日課帳（スケジュール）などです。これらを，使う用途ごとに分類して管理できるツールをつくりました。

　物の管理が困難だった子どもの机の中へ，段ボールやプラダンなどで作った容器を設置しました。使う物品の大きさに合わせたサイズ，蓋の有無など，機能別に制作します。全ての入れ物が，ピッタリと机の中に収まるようにします。

　子どもと相談しながら入れ物を作ることで，毎朝カバンから出して，用途ごとに収納できるようになりました。見て確認できることで，教室移動の際に忘れ物をしたり提出物を出し忘れたりしていた場面がなくなりました。

机の中にピッタリと収まる形状で，用途によって色が異なる設定にする。

🔍 大切にしたい視点

- 1つの目的に対し，1つの用途で物品を入れ，仕分けられるようにする。
- 開口部から一目瞭然にする。
- 時々確認し，できていることを褒める。

💡 何のための構造化!?

- 見えない所有物を，見て確認しながら管理できるようになるため
- 失敗経験を重ねないようにするため

05 「好き」がかなう場
パーティションによるカームダウンエリア

こんなときに… 安心基地をつくりたいとき

▶▶▶ 作り方　p.104

つまずきをひもとく

　パニックになりやすく，日常生活の安定を最優先にする必要のある子どもがいました。環境づくりは，最初に個別の休憩場所を検討します。様々な活動へ挑戦したり折り合いをつけたりするよりどころとなる，個別の安心基地をつくるためです。好きな事や安心できる物など，保護者からも情報を集めて整え，子どもの状況に合わせて再構造化を繰り返すことが大切です。

　言葉によるコミュニケーションが難しく，多動な様子のある子どもでした。また，要求が通らない場面では大声を出していました。緑色が好きで，所有する物は緑で揃えていました。まずは安定できる場の設定が必要です。

具体的設定と変化

　最初，教室後方の窓際へ高いパーティションと椅子を置き，個室を作りました。しかし，使ってくれません。行動を観察すると，室内にいる全員が視界に入り，キーパーソンとなる教師の側にいることが安心できる状況だとわかりました。よって，教卓の隣にエリアを変更しました。左右を低いパーティションに変えて見やすくし，座席は室内が見渡せる方向に向けました。また，椅子を緑色のソファーに変え，ゆったりくつろげるようにしました。

　子どもは，教師が事務作業中もソファーに座って休憩できるようになりました。チャイムが鳴ると，そこから個別のスケジュールがあるエリアへ確認に行き，次の活動へ移っていく日常のルーティンができました。

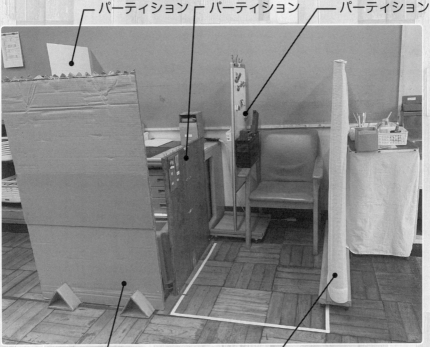

プラダンの　　　　板の　　　　　　案内板の
　　パーティション　パーティション　　パーティション

段ボールの
パーティション

レースの
パーティション

🔍 切にしたい視点

- ●子どもの「せつじつさ」に寄り添った環境をつくる。
- ●好きなことや安心できるためのニーズを満たした場所である。
- ●好きすぎて終われなくなるような事物の導入には注意する。

💡 何のための構造化!?

- ●まずは安心して生活ができるようになるため
- ●様々なチャレンジをする際の「よりどころ」となる場をつくるため

物理的

時　間

活　動

06 活動の終わりを確認できる
完了したら放り込むカゴ

こんなときに… フィニッシュボックスの設定を導入するとき

つまずきをひもとく

　フィニッシュボックスとは，終わったものを入れて終点を理解できるようにするためのものです。ワークシステムの設定では，左から右の流れで活動し，完了したものを最後に放り込む「終わり」の場となります。

　言葉による指示理解が難しい子どもがいました。写真やジグなどの視覚的な手がかりを活用すれば，日常で用いる物を自分で準備できるようになりました。しかし，エプロン袋や歯ブラシセットなど，使い終えても元の場所へ戻してしまうため，下校準備だけがうまくいきませんでした。よって，自立課題の設定を参考に，終わった物を放り込むカゴの場を別に設定しました。

具体的設定と変化

　買い物カゴを導入しました。自立課題用に設置したフィニッシュボックスのカゴと同規格で，色が異なるものです。一番目立つ色のカゴで，使い終わった物を放り込む場として設置しました。集団への機能として，他の子どもたちにとっては連絡帳を提出する場として用います。

　使い終えた物の置き場の理解が難しかった子どもは，授業で使い終わった美術着袋や給食エプロン袋，歯ブラシセットなど，活動を終える度に放り込めるようになりました。自立課題の取り組みで定着したワークシステムを応用したため，すぐに理解して活用できました。また，放り込むことで活動の終わりを確認でき，次の活動への切り替えがスムーズになりました。

赤いカゴ

緑のカゴ

自立課題の設定と同様に
フィニッシュボックスの
カゴを用いることで，放
り込んで「終わり」を確
認できる場となる。

自立課題のエリアと設定

切にしたい視点

- 終わった物を入れる場としての用途だけに用いる。
- 他の事物よりも放り込みやすいように，視覚的に明瞭化する。
- 見えやすい場所に置き，設置する高さを調整する。

何のための構造化!?

- 放り込む行為を通じ，終わりを確認できるようにするため
- 次の行動へ切り替えやすくするため
- 自分の身の回りのことを自分でできるようになるため

物理的

時間

活動

07 他者と適切な距離を保てるようになる
手繋ぎの代替・ゴムリング

こんなときに… 対人関係の支援を段階的に検討するとき

▶▶▶ 作り方 p.105

つまずきをひもとく

　移動時は，常に支援者と手を繋いで生活してきた子どもがいました。引き継ぎでは，パニックになると車道など危険な場所にも飛び出すことがあるということで，高等部でも手を繋いで生活を始めることにしました。

　子どもは，個別のスケジュールを活用することで，見通しがもてるようになるとパニックは減少していきました。混乱の原因は，見通しがもてない不安さにあり，支援者を頼りたいために手を繋ぐことを要求していたのではないかと推測しました。しかし，多様な人と関わる成人期の地域生活への移行を考えると，段階的に手繋ぎを減らしていく支援が必要不可欠です。

具体的設定と変化

　プールにあった「水中リング」を借りました。ゴム製の強固な作りで，適度な重さと太さがあり，握りやすい形状をしています。しかも，プールを傷つけないようにできているため安全です。また，色が明瞭であり，野外の移動の際には注目しやすいツールになると考えました。

　生活と共に，子どもの手繋ぎは「こだわり」の様相も呈してきました。支援者が負担を感じるような強い握力で握るようになったため，リング繋ぎに変更しました。変更初日は混乱しましたが，次の日からは納得してリングを持って，朝の運動や校外歩行へ出られるようになりました。そして，半年後はリングなしでも集団の中で活動できるようになりました。

> リングを介して，手繋ぎを代替する

「手繋ぎ」の行動を突然なくすのではなく，代替方法（リング繋ぎ）を視覚的に示す。折り合いをつけるための支援を段階的に進める。

大切にしたい視点

- 行動を客観的に観察・記録し，原因を仮説立てする。
- それまでの支援を止めるのではなく，代替する方法を視覚的に子どもへ提案する。
- 支援者が替わっても，一貫した支援ができるツールである。

何のための構造化!?

- 対人関係における適切な距離をとる練習を段階的に進めるため
- 手を繋ぐ行動の代替手段をつくるため
- 外出する際のシンボル（合図）として用いるため

物理的
時間
活動

08 見通しをもって学校生活が送れる
上から下の流れによるスケジュール

こんなときに
個別のスケジュールを設定するとき

▶▶▶ 作り方　p.106

つまずきをひもとく

　学校生活での不安定さが強く，行動面の課題が大きいとされて入学してきた子どもの担任になりました。引き継ぎのため，出身校を訪ねて過去の見通しの支援についてうかがう機会がありました。「昔はカードを使っていたみたいだけど…」と，行動面への対応で精一杯だったというような返答でした。

　パニックなどの衝動的な行動の根底には「不安」があるといわれています。何をどのくらいやるのか，いつ終わるのか，終わったら何をするのかがわからない不安，それを伝える手段がない不安，要求を叶えられない不安など，不安の種類も多様です。混乱へ向き合う際は，信頼関係を大切にすると共に，折り合いをつけるための「見通し」の支援が欠かせません。

具体的設定と変化

　特別支援学校にいるほとんどの子どもには，個別のスケジュールが必要です。知的な機能水準が低いほど，その設定はより高度になります。まずはじめに，子どもが最も期待がもてる活動を知ることから設定を検討します。

　子どもの大きな期待感は，給食と帰宅バスでした。よって，午前は給食，午後はバスを目標とし，授業ごとに絵カードでスケジュールを作り，理解できるカードを増やしていきました。上から下の流れで，活動前にカードを取って下のポケットへ入れます。カードで終わりまでの見通しを理解できるようになると，パニックは減少し，安定した生活が送れるようになりました。

パーティション
の側面を使う

注目しやすい場所に設置する。

顔写真カードを使い，スケジュール
へ戻る行動も支援する。
 参照

大切にしたい視点

- 知的障害のある ASD の人への見通しの支援には個別化を図る。
- 子どもが「なくなったら終わり」や「上から下の流れ」が理解できている。
- カードの数が多くなりすぎないようにする。

何のための構造化!?

- 見通しをもって学校生活を送るため
- 活動の終わりと次に何をするのかを理解するため
- 折り合いをつけて安定した生活を送れるようになるため

物理的

時間

活動

09 見通しをもって校外で活動する

宿泊行事・校外学習用の携帯式スケジュール

こんなときに 個別のスケジュールを設定するとき

▶▶▶ 作り方　p.107

📝 つまずきをひもとく

　宿泊行事は，子どもにも保護者にとっても新しい経験へのチャレンジです。ASD の人にとって，先の読めない経験は大きな不安が伴う一大イベントです。また，全ての子どもが旅程に期待感をもって参加できる目的地ばかりで計画を立てることは難しいものです。

　見通しがもてない環境では，不安が強くなり行動問題へ発展しやすい子どもがいました。学校生活で，個別の配慮を整えて生活が安定し始めた頃，修学旅行の時期になりました。教室での支援と同様に，見通しをもつための支援は不可欠であり，理解して折り合いをつけられるツールが必要です。

🌱 具体的設定と変化

　旅程に沿って，教室のスケジュールと同じカードを縮小し，上から下の流れによる携帯型ハンドブックを作りました。子どもは身につけることを好まないため，教師が首にかけて携帯します。出発前の空港から，活動が切り替わる前にカードを取る方法で使用を開始しました。教師に手渡し，「なくなったら終わり」を毎回確認する方法で納得できました。休憩中などは，ハンドブックを立てて置き，確認しながら次の活動まで「待つ」こともできました。ツールを介して折り合いをつけ，2泊3日の集団生活ができました。

　宿泊行事を乗り越えた経験は，保護者も含めた支援者全員の自信につながり，将来の活動範囲を広げるための検討ができる可能性をもたらしました。

教室のスケジュールと同じ絵・文字のカード。確認する部分のみ背景をつけ，視覚的明瞭化を図る。

休憩中は**立てて**用いる。

大 切にしたい視点

- スケジュールは，できるだけ子どもと一緒につくるようにする。
- 変更時はカードを介して視覚的に伝え，支援者の都合で勝手に変更しない。
- カードの量を精選し，楽しみなことをゴールに設定する。

何のための構造化!?

- 初めての環境でも見通しをもって過ごすことができるようになるため
- 新しい経験にも挑戦できるようになるため
- 楽しい思い出にするため

物理的 時間 活動

見通しをもって活動できる
1つ提示―消去式―のスケジュール

こんなときに 個別のスケジュールを設定するとき

▶▶▶ 作り方　p.108

つまずきをひもとく

　「指示待ち」状態が多く，腕を振り回したり飛び跳ねたりするような常同行動が続く子どもがいました。筆者が作業学習の担当となり，早速，活動の見通しがもてるように上から下の流れによるスケジュールを設置しました。しかし，それを見ていても指示待ちは続き，練習してもうまくいきません。

　理由は，情報量が多すぎて，上から順に理解することが困難だったのです。また，ワーキングメモリのつまずきから，記憶を保持して行動へ結びつけることが難しい様子でした。よって，1つずつ見て確認し，目的とするエリアへ持っていく行動を支援するツールが必要だと考えました。

具体的設定と変化

　1つ提示の写真と文字で「次に何をするか」だけを理解し，「とる」行為を合図にして行動できるスケジュールにしました。設置されたカードの総量で仕事量を確認できるため，なくなったら「終わり」の見通しになります。また，作業エリアのポケットの色をカードと同色にしました。色のマッチングを手がかりに，エリアへ移動できるようにするためです。

　子どもは，スケジュールのカードを取って作業エリアへ向かい，同じ写真と色のあるポケットに入れてから作業を開始します。休憩をはさみ，スケジュールへ戻って次の作業エリアへ向かえるようにもなりました。1対1対応にすることで，指示がなくても作業に取り組めるようになりました。

各エリアへ，同じ色と写真がついたポケットを設置。スケジュールで取ったカードを，マッチングで入れることにより移動を助ける。

手前のカード
から1枚取る

スタンプ

カードを取り，エリアへ移動する。

作業エリアの
ポケットに入
れる

かみカット

かみカット

🔍大 切にしたい視点

- ●「指示待ち」は，その場で何を期待されているのか理解できていない
  状態だと認識する。
- ●ツールもエリアも，1対1対応で方法を統一する。
- ●再構造化を繰り返し，個の特性に合わせて最適化していく。

💡 何のための構造化!?

- ●一目瞭然で理解でき，作業の見通しをもてるようにするため
- ●具体物を持って行動することで記憶の保持を助けるため
- ●次の活動への切り替えを助け，成功体験を積み上げるため

物理的

時　間

活　動

注目しやすい＆動機高まる

ページめくり式のスケジュール

こんなときに… 個別のスケジュールを設定するとき

▶▶▶ 作り方　p.109

つまずきをひもとく

　個別のスケジュールを作っても活用しようとせず，授業の度に教師へ指示を求める子どもがいました。上から下の流れで授業カードを取り，下のポケットへ入れる設定にしていました。使い方を教えても，カードを取り忘れたまま，次の授業へ向かってしまう様子が続いています。

　子どもは，手指の巧緻性に困難さがあり，細かい物をつかむ操作が苦手でした。また，1日の流れよりも，次に何をするか理解できれば自立して行動できる様子がありました。保護者から，お笑い芸人をTVで見るのが好きと聞いていたため，スケジュールの機能に加えて作り直すことにしました。

具体的設定と変化

　ページを1枚ずつめくり，次の活動を1つだけ確認する機能のスケジュールへ変更しました。改善前のカード式は，カードが小さく沢山ついており，つかみづらくて時間がかかっていました。大きいページ式にしたことで，つかみやすくなり，情報が1つ提示のため，次に何をするかを容易に理解できます。また，大好きな芸人の絵をページごとに変えてつけることで，次のスケジュールをめくる行動の動機付けを高められると考えました。

　子どもは，喜んで芸人カードを指差しながら活用を開始しました。1週間経つと，授業ごとにページをめくったことを伝えるようになりました。その後，一人でめくりながら授業へ向かう姿が見られるようになりました。

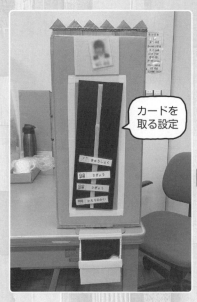

カードを
取る設定

ページを
めくる
設定

最初のスケジュールの設定。　　　　　改良後のスケジュールの設定。

大切にしたい視点

- 身体的な能力や理解に応じた機能にする。
- 視覚的な情報を精選し，「好き」を取り入れて動機付けを高める。
- 自立して操作できるようになるまで再構造化を繰り返す。

何のための構造化!?

- 見通しをもち自立して行動できる力を育むため
- スケジュールを活用しようとする意欲を高めるため

物理的
時間
活動

スケジュールへかえることができる
顔写真カードとポケット

こんなときに‥‥ 次に何をするか自分で確認してほしいとき

▶▶▶ 作り方 p.110

つまずきをひもとく

　スケジュールを見て，どこで何をするのか確認しながら作業に従事できるようになった子どもがいました。しかし，各エリアで作業を終えると，次に何をするのかわからずに指示待ち状態に戻ってしまいます。そのため，教師が「次は!?」という，言葉で合図を出さなければなりませんでした。

　ASD の人は，活動の終わりを理解したり，新しい活動や質の異なる行動へ切り替え（移行）たりすることが，あまり得意ではない場合があります。そのため，スケジュールへ戻り，次の活動を確認するための「移行する行動」を，具体物のツールを活用して支援する必要があります。

具体的設定と変化

　好きなピンク色の丸枠の中に，子どもの顔写真を入れたカードを作りました。紙のスタンプ作業では，そのカードをジグの最後の枠に取り付け，工程が全て終わると現れる仕組みにしました。紙が全てなくなったら，視界に入った顔写真カードを取ります。スケジュール下部へも，同じ顔写真のついたポケットを設置し，カードを持って戻りマッチングする行動をつくります。

　子どもに，作業を終えたらジグに残った写真カードを取り，スケジュールのポケットへ入れに戻るよう教えました。自分の顔写真カードが合図になり，次へ移行する自発的な行動が生まれました。導入後2週目からは，エリアやジグが変わっても，スケジュールへ戻る行動が定着していきました。

ジグの紙がなくなったら，最後にある顔写真カードを取る。スケジュールのポケットへ入れに戻り，次の作業のカードを取る。

> スケジュール下のポケットに入れる

🔍 大切にしたい視点

- 本人が理解しやすい顔写真や好きなキャラクターなどを手がかりに用いる。
- 異質な活動同士を連結し，次の活動へ移行できる行動をつくる。
- 課題となる場面を中心に支援を検討し，環境を整える。

💡 何のための構造化!?

- （わからなくなったら）スケジュールへ戻れるようになるため
- 指示待ち状態を減らし，自立して作業へ従事できるようになるため

物理的　時間　活動

13

見通しをもって乗車できる
スクールバス・バス停の乗降者確認 BOOK

こんなときに……　教師が不在の環境でも支援したいとき

▶▶▶ 作り方 p.111

📝 つまずきをひもとく

　朝，スクールバスへ迎えにいくと，洋服をビリビリに破って降りてきたり，自分の体を傷つけて出てきたりしてしまう子どもがいました。そのような状況が，日々エスカレートしていきます。何とかしなければなりません。

　子どもは，自宅前のバス停から1時間以上座り続けなければなりませんでした。行動の原因は，乗車時の見通しがもてず，手持ち無沙汰で待ち続けなければならないからだと推測しました。さらに，交通状況が毎日異なるため，予期せぬ遅延などの変更も負担となっていました。よって，自分で考えながら常に操作が伴う，見通しを助けるツールをつくろうと発想しました。

🌱 具体的設定と変化

　一般の路線バスは，乗客へバス停のアナウンスで見通しを伝えますが，スクールバスにはありません。よって，見通しを助けるために，「バス停乗降者確認 Book」を作りました。バスの停車ごとに，乗降する他の子どもを見て確認し，そのバス停を利用する子どもの顔写真カードを取って次のページに貼り替える操作が伴うスケジュールです。バス停ごとに，左から右へとカードが減っていくため，最終目的地（学校）まで見通しがもてます。

　子どもは，バス停ごとに乗降する他の子どもを見てカードを操作しなければならないため，手持ち無沙汰で生じていた行動問題は減りました。また，到着へ見通しをもてることで，遅延があっても安心できるようになりました。

←通過したバス停カードをめくり，左から右の流れで通過後のページへ貼って終点まで理解する。中ページをめくると，色の異なる下校便用ページになる。

→乗降する子どもを確認しやすい出入口脇の座席に設置。「Book」を運転席背面の透明板へ設置するため，面ファスナーで脱着できるようにして管理する。

大切にしたい視点

- 一緒にスクールバスに乗り，実際に見て課題を確認する。
- 「移動スキル」は，将来の地域生活の根幹となるスキルと捉えて重点的に支援を検討する。
- 我慢させるより活動をつくるという発想をもつ。

何のための構造化!?

- 支援者の手が届かないイレギュラーな状況での見通しを助けるため
- 能動的に取り組める活動をつくり，手持ち無沙汰にさせないため

物理的

時間

活動

14 なくなって終わりがわかる
体育的活動用のチップとボード

こんなときに 苦手なことへも折り合いをつけられるようにしたいとき

▶▶▶ 作り方　p.112

つまずきをひもとく

　ASD の子どもには，体育祭などの体育的な活動が苦手な人が少なくありません。スターターピストルの爆音や集団が発する雑音，終わりがわかりづらく広い校庭で「待つ」ことを強いられる状況…。様々な苦手があっても，見通しをもてれば我慢したり乗り越える目標をもったりできるはずです。

　学校では，年度末の「持久走大会」を視野に入れ，毎朝15分間走る「体力づくり」に取り組んでいます。ある日，校庭へ出る子どもを待っていると靴を破壊し始めました。始まりの不明確さや何周したら終わりかわからない見通しのへ不安が蓄積し，我慢の限界に達した行動と考えられました。

具体的設定と変化

　見通しがもてるようにするため，グラウンドを1周したらチップを1枚ずつ取るボードを作りました。破壊する可能性があったため，教師が首にかけて管理し，子どもの全方位から確認できる機能です。チップを全て取ってなくなったら，「体力づくり」の終わりを示します。また，走るのをやめて「歩行」にしました。グラウンドへ出たら全体の開始を待たずに歩き始め，チップの枚数分周回したら「終わり」と確認し，すぐに教室へ戻るようにしました。

　子どもは，7枚のチップ（7周歩く）の操作で折り合いをつけられるようになり，毎日参加できて靴の破壊もなくなりました。このツールの活用で，校外の初めての場所に行って実施する持久走大会にも参加できました。

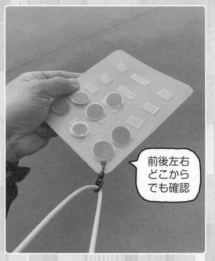

前後左右
どこからでも確認

1周したら1枚とって教師へ渡す。
なくなったら終わりの設定。

ツールがあれば大会も参加できる。

🔍大切にしたい視点

- 時間が余っても事前に決めた周回数は変えない（増やさない）。
- チップが「なくなったら終わり」という契約を毎日履行し信頼関係を築く。
- 体力をつける目的よりも，達成できるまでのコミュニケーションを大切にする。

💡 何のための構造化!?

- 見通しをもつことで，苦手な活動へも挑戦できるようになるため
- ツールを介して，適切なコミュニケーションの経験を重ねるため
- 参加できた成功体験を積み上げるため

物理的

時間

活動

15 確認しながら自分でできる
忘れ防止のための指示書

こんなときに‥‥‥‥ ツールの操作を介して行動を引き出したいとき

▶▶▶ 作り方　p.113

📝 つまずきをひもとく

　1日のスケジュールと朝・帰りの日課については，全員へ個別のツールを用意します。特に，自立した行動が求められる「朝の日課」の指示書は重要です。係などの役割活動は，就労に結びつく大切なスキルとなるからです。

　日課帳に収納できる，朝と帰りの日課の指示書を作りました。子どもが活動順に手書きし，ラミネート加工して面ファスナーで脱着します。子どもには，それを確認しながら自立して日課に取り組んでほしいと考えました。しかし，次第に係を忘れたり時間内に終えられなかったりすることが多くなりました。活動を介して確認できる指示書へと，再構造化が必要です。

🌱 具体的設定と変化

　「忘れ物チェッカー」（コモライフ）を改造し，活動を順にボタン操作で確認できる設定の指示書にしました。登校から，朝の会までの約30分の日課を自立して取り組むためです。各活動名と終了時間をテプラで明記し，上から下の流れで完了した活動の×を○の表示に変えて進みます。机上の利き手側に面ファスナーで固定し，必要に応じて取り外せるようにしました。

　子どもは，慣れると忘れてしまうという行動の特徴がありました。しかし，ボタンを操作する行為が1つ1つ活動終了の確認となるため，示された時間を見て時計を確認しながら取り組めるようになりました。ツールを改善することで，毎朝の日課を時間内に完了できるようになりました。

日課帳の
記入中

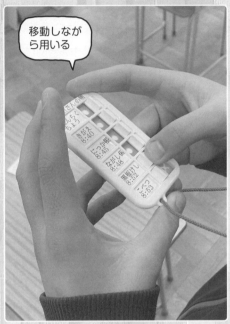

移動しなが
ら用いる

大切にしたい視点

- 些細なつまずきでも原因を確認し，そのままにしない。
- 理解できる方法を用い，達成できるルーティンの場面を増やす。
- 意欲的に取り組めるツールや工夫を積極的に導入する。

何のための構造化!?

- 日課や役割を，時間を見ながら確実に遂行できるようになるため
- 毎日の自立した活動をつくり，達成感を得られるようになるため

物理的

時間

活動

16 行為を介して確認しながら自分でできる
左から右への操作式指示書

こんなときに カードの操作を合図にして行動を引き出したいとき

▶▶▶ 作り方 p.114

📝 つまずきをひもとく

クラス替えにより初めて担当する子ども。個別のスケジュールを検討するため、前年度から引き継いだ日課帳へ1日の予定を記入してもらいました。しかし、30分経っても白紙のままで、次の日も同じ様子です。前担任は、「合図がないと固まってしまうので一緒に書いていた」との返答でした。

「指示待ち」状態の背景には、これまでの失敗経験や誤学習など様々な要因も関係すると考えられます。毎日の予定確認（づくり）は、自発的な活動にした方がより見通しの理解を助けるはずです。また、自立したルーティンの活動として、成功体験を積み上げられる日課にならなければなりません。

🌱 具体的設定と変化

失敗を恐れ、完璧にしたい思いが行動の停止を招いているのではないかと考えました。日課帳の目的は、書くことよりも予定を確認することです。よって、その日の時間割カードを作って机に貼るだけにし、日課帳ファイルは朝と帰りの役割活動を確認するだけの指示書へと作り替えました。箇条書きだけでは行動に結びつかなかったため、活動カードを1つずつ分けて作り、左から右に終えたカードを貼り替えるツールです。

子どもは、自発的にカードを1枚1枚操作しながら日課を進め、予定確認も自分でできるようになりました。カードの操作を介すことが合図になり、朝と帰りの日常生活の全てを自立して遂行できるようになりました。

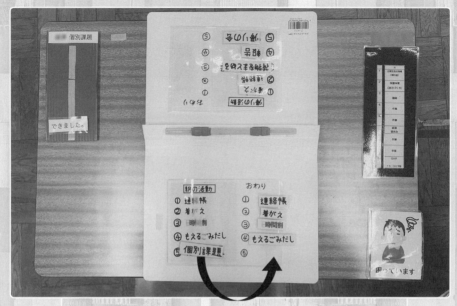

皆と同じ日課帳ファイルの内側2面に，朝と帰りの日課の2つの指示書を取り付ける。

大切にしたい視点

- 指示待ち状態は，教える側の問題でもあると捉える。
- 理解できる方法やスキルを活用する。
- ツールの機能は情報の優先順位をつけ，精選する。

何のための構造化!?

- 指示待ち状態で混乱している時間をつくらないため
- 自分で予定や活動の流れを確認できるようになるため
- カードの操作を合図にして次の活動へ移れるようになるため

物理的

時間

活動

どうしても我慢しなければならないときを過ごすために
人生初の飛行機に挑戦するためのツール

こんなときに…… 長時間「待つ」ための見通しの支援をしたいとき

▶▶▶ 作り方　p.115

📋 つまずきをひもとく

　構造化とは，我慢を強いたり，できないことをさせたりするためのものではありません。視覚的に理解できるからといって，嫌悪的な状況を強いるような目的で支援ツールの活用を繰り返せば，信頼関係を失い，よりよい行動をも制限するような事態になってしまう危惧すらあります。

　しかしながら，人生には我慢が求められる場面が少しだけあります。ASD の子どもには，「待つ」場面を苦手とする人が少なくありません。何を期待されているのか，何をしなければならないかわからず，見通しがもてなくなるためです。それが長時間になる場合は，丁寧な支援が必要となります。

🌱 具体的設定と変化

　人生初の飛行機は，３時間も座席に座り続けなければならない苦行のような旅です。時計の理解が難しい子どもへ，時間を確認するツールとして「タイムタイマー」を活用してきました。しかし，タイマーの機能は１時間以内です。よって，日常で用いるスケジュールと同様に，タイマーの絵カードを作り，機内へ持ち込みました。タイムタイマーのベルが鳴るたびに１枚とり，「なくなったら終わり」を確認するためのぶっつけ本番のツールです。

　ベルが鳴った瞬間，指差しでカードを示すと子どもは１枚とって渡してくれました。すぐ残りの枚数を確認しタイマーを新たにセットしました。鳴る度にめくり，最後のカードがなくなる沖縄まで安定して搭乗できました。

普段活用しているツールのシステムとタイムタイマーを併用する。

大 切にしたい視点

- 我慢させるためのツールとして安易に視覚的な支援を用いない。
- 一度セットしたタイマーを，途中で勝手に増減させない。
- 苦難を乗り越えられたら，理解できる方法で褒めて評価する。

何のための構造化!?

- 待ち時間をどうしても乗り越えなければならない状況を助けるため
- 見通しをもてるようにすることで，我慢できるようになるため

物理的
時
間
活
動

18 自分で確認・管理できる
排せつの回数ツール

こんなときに…… 家庭と連携しながら般化・応用を助けたいとき

▶▶▶ 作り方　p.116

📝 つまずきをひもとく

　成長と共に「こだわり」も変化します。決められた場所や安心できるところ以外では排せつしないこだわりのある子ども。深夜，トイレへ頻繁に行くようになり，それが継続すると介助する親御さんは疲弊していきました。

　生理的な課題には，根拠ある教育的介入が不可欠です。子どもは，数量の理解は困難でしたが，スケジュールのカードが「なくなったら終わり」を理解できました。こだわりには，本人が「〜ねばならない」と考えている節があります。よって，トイレの回数を見て自覚できるツールを考えました。家庭支援を視野に，まずは学校で排せつを管理できる支援を検討しました。

🌱 具体的設定と変化

　日常で使うスケジュールと同じ「上から下の流れ」で，トイレカードを取り，下のポケットに放り込んでいくツールをトイレの扉に設置しました。入る前に1枚取ります。排せつ回数を制御するための支援ではないため，カードは余分につけます。カードが減ることで，排せつの回数を自分で確認できるツールです。学校トイレに設置後，取ってから入る行動が定着したため，同じものを家庭トイレへも設置して様子をみてもらうことにしました。

　すると，家庭でもカードを取ってトイレに入るようになり，3日目には深夜の排せつが1〜2回になり，家族の睡眠時間も確保できるようになりました。見て確認できることが，自らの気づきに繋がったのだと考えられます。

注目しやすい取手付近に設置。

同じツールを自宅トイレの扉に設置。

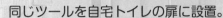

自宅では
扉の真ん中

🔍 切にしたい視点

- 生理的な課題への対応は慎重に進める。
- 家庭のことも一緒に考え，協力して一貫した支援を考える。
- 排せつ回数を制限するためのツールとして用いない。

💡 何のための構造化!?

- トイレに行った回数を自分で見て確認できるようになるため
- 家庭でのトイレのこだわりについて改善を支援するため

物理的
時間
活動

19 一人通学に挑戦できる
山手線の現在地確認 BOOK

こんなときに 公共交通機関を利用する際の見通しを助けたいとき

▶▶▶ 作り方　p.117

つまずきをひもとく

　公共交通機関を利用する「一人通学」は，卒業後の通勤を視野に入れた，地域資源を活用するスキルの学習と考えることができます。よって，公共のルールに沿ったふるまいと，自立を促すための見通しの支援が不可欠です。

　自宅から，山手線で登校練習を開始する子どもがいました。初期は，一人通学に向けた課題を明確にし，改善を図る期間でもあるため保護者が引率します。大声を発する，車内を歩き回る，乗客と適度な距離感を保てなかったりするなどの課題が挙がりました。これらの行動には，見通しがもてない状況や，適切な乗車方法がわからないという原因が考えられました。

具体的設定と変化

　ファイルを加工して「山手線確認 BOOK」を作りました。乗車したら，鞄から出して，乗車駅の渋谷から学校最寄りの品川駅まで，各駅カードを取って確認していきます。通過駅のカードを取り，なくなったら通過を理解して，隣ページの路線図を確認しながら見通しをもちます。また，カードの操作を通じて，手持ち無沙汰を解消します。品川駅からの帰路のページも作り，課題として挙げられた乗車マナーのページも加えました。

　通学練習で保護者と共に使用開始しました。路線図を指差しで確認しながら1枚ずつカードを取り，活動があることで乗車時も安定できました。指示なしでも品川駅で降り，見通しをもって乗車できたと報告を受けました。

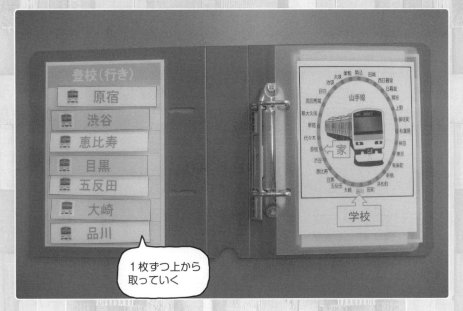

大切にしたい視点

- 教師の手が届かない場面でも，ツールを介して支援する発想をもつ。
- ツールを介して，家庭とも一貫した支援を行う。
- 見通しが，様々な行動上の課題に関係していると捉える。

何のための構造化!?

- 公共交通機関による一人通学の見通しをもてるようにするため
- 好ましいふるまいで電車に乗車できるようになるため
- 保護者と一貫した支援ができるようになるため

物理的

時間

活動

20 複数の個別課題に取り組める
個別学習のワークシステム

こんなときに：
開始から報告までの行動を支援したいとき

▶▶▶ 作り方　p.118

つまずきをひもとく

　ASD の人は，見て自立的に行動することを好むといわれています。一方，取り組んでいた活動から質の異なる別の活動へ切り替えることが難しい場合があり，取りかかれなかったり忘れてしまったりすることがあります。

　漢字や英語の検定の昇級試験を目標に学習できる子どもがいました。学級では，就労を視野に入れた学習として，複数の作業的な自立課題と組み合わせ，漢字学習へ取り組んでいました。しかし，学習自体はできるものの，次の課題へと移る際に停止してしまう姿があり，いつも言葉かけをされていました。全活動の自立を導くため，見て確認できる手がかりが必要です。

具体的設定と変化

　学習前に，机の隅へ脱着式のワークシステムのボードをつけます。ボードには，上から下の流れで順に課題のカード（写真・文字）をつけます。活用時は，ボードからカードを１枚ずつ取り，教材棚へ行って直接教材へ貼り付けて机に持ってきます。課題を達成したら，そのまま元の棚へ戻します。全ての課題が達成したら，下に残った「できました」カードを教師へ渡し，終了報告する設定です。そのため，教材を収納する棚へも教材写真を貼っておき，教材とマッチングして出し入れできるように環境設定します。

　停止していた子どもは，このワークシステムにより自立して取り組めるようになりました。言葉をかけなくても，報告までできるようになりました。

カードを
取って教
材に貼る

個別課題

プリント

できました。

切にしたい視点

- 活動を連結し，次の教材へ移行する行動を重視する。
- ツールだけではなく，視覚的に理解できる学習環境をつくる。
- 理解できる環境を整え，準備や収納するスキルの向上もねらう。

何のための構造化!?

- 質の異なる活動を連結し，自立した個別学習の取り組みを助けるため
- 困ったときは視覚的な手がかりへ戻るという経験を重ねるため
- 成功体験のルーティンをつくるため

物理的

時間

活動

21 作業場所への移動ができる

資源回収の可動式指示書

こんなときに…… 場所の移動が伴う活動の理解を支援するとき

▶▶▶ 作り方　p.119

📝 つまずきをひもとく

　作業学習で取り組む「資源回収」は，各教室のゴミ箱に溜まったゴミを回収する作業です。特定の場で取り組む作業が苦手で，動きのある活動が得意な子どもが集まる集団でした。筆者が担当となった当初，教師は言葉や指差しで指示を出したり，いなくなった子どもを探し回ったりしていました。

　集団を先導する子どもは，上から下の流れの指示書を理解できます。しかし，視覚的な手がかりのなかった回収作業では，教師の合図で回収し，疲れたら座り込むという状態になっていました。どのくらいの数の教室へ行くか，いつ終わるのかなど，見通しがもてれば自立して活動できると考えました。

🌱 具体的設定と変化

　教室数に合わせて写真カードを用意すると，大量で携帯するのが困難です。そのため，キャスター付き案内板につけた可動式の指示書を作りました。各教室へ，引いて歩きながら作業します。回収する教室が多く，カードが２列になってしまうため，小休憩カードを赤，大好きなエレベーターを黄色で示したりして，途中にある目標点を挿入しました。作業時は，教室カードを取って下のポケットに入れてから回収し，なくなったら終わりを確認する設定です。裏にはタイマーをつけ，休憩時間の確認機能も加えました。

　子どもは，教師の指示がなくても，上から順にカードを取りながら各教室を周って回収や休憩をするようになり，座り込む様子もなくなりました。

休憩時間は，裏面のタイマーを見ながら時間の終わりを確認する。
見通しと回収教室の場所・内容を確認できる大型の携行式指示書。

> 上から順に取る

写真と文字による教室カード。

> 休憩時間を確認

🔍 大切にしたい視点

- 引き継いだ方法を再検討し，個の特性に応じた支援を優先する。
- 作業量が多い場合は，子どものスタミナを考えた量や視覚的な支援方法で配慮する。
- 日常生活で活用している支援を参考にして指示書を作る。

💡 何のための構造化!?

- 指示がなくても，作業する教室を自立して移動できるようになるため
- 終わりの見通しをもって作業に従事できるようになるため

物理的
時間
活動

工程を理解して作業できる

iPhone のアプリを利用した指示書

こんなときに：タブレット型情報端末を活用するとき

▶▶▶ 作り方 p.120

つまずきをひもとく

　個別学習へ，自立して取り組めるようになった子どもがいました。写真カードと教材をマッチングさせ，3つの自立課題を順に達成していき，最後に報告する流れのワークシステムによる学習が定着していました。

　作業学習の「清掃班」では，校内の階段清掃を行っています。担当する手すり拭きは，「清掃検定」の規程に則った手順で取り組む必要がありました。しかし，様々な形状の異なる階段を移動しながら両手で拭くため，特定の指示書を持ったままで作業することが困難でした。よって，個別学習のワークシステムをヒントに，自立できる作業学習の手立てを検討しました。

具体的設定と変化

　iPhone を導入しました。作業時は携帯するための首にかけるベルトをつけ，防水用カバーも取り付けました。そして，指示書アプリを用い，写真と文字，音声による各工程の指示書を作成しました。特に，各階段は床や手すりの形状，色などがそれぞれ異なるため，カメラ機能を使って撮影しながら，音声と文字をつけ，現地で即座に工程カードを作成できます。

　子どもは，階段へ到着すると，作業開始前に自ら iPhone 操作して工程を確認し，音声も復唱しながら正しい手順で作業できるようになりました。ミスが多かった手指の方向や位置も，写真を視覚的に確認することで修正できるようになりました。教師による修正の指示もなくなりました。

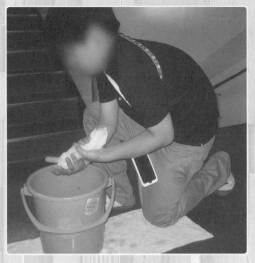 

布巾を絞る工程や作業手順，拭く際の手の位置など，適切な方法を自ら視覚的に確認することで，作業時の姿勢も改善していった。

🔍 大切にしたい視点

- タブレット型情報端末に置き換えても，カードによるワークシステムと考え方は同じ。
- 状況に応じて，迅速かつ臨機応変な支援をつくる。
- 卒業後を見据えたスタイリッシュな支援を検討する。

💡 何のための構造化!?

- 場や状況が多様に変化しても臨機応変に見通しの支援ができるため
- 自分で見て確認しながら自立して作業できるようになるため

物理的
時間
活動

23 順番に達成して報告ができる
個別課題用のワークシステム〈1〉

こんなときに：　色の手がかりを用いて自立課題へ取り組むとき

▶▶▶ 作り方　p.121

📝 つまずきをひもとく

　「行動障害」があるとされ，入学してきた子どもがいました。共に過ごしてみると，支援する大人に日常生活の全てを管理され，常に「指示待ち」で生活してきたことがうかがえました。よって，たとえ些細な行為であっても，自ら考え行動できる「自立」した活動をつくる必要があると考えました。

　まず，子どもが得意なことや好きなことを参考にし，「自立課題」を複数用意しました。どの課題にも取り組めるようになったため，複数の課題を順番に組み合わせ，終わったら報告するところまでの「活動全体の達成」をねらいました。そのため，活動どうしを連結するための設定が必要です。

🌱 具体的設定と変化

　ワークシステムにより，3つ課題を達成したら報告する設定にしました。活動の流れは左から右で，3つに区切った長机の，左側に準備した課題から取り，机の真ん中に置いて完成させ，終わったら右側に移します。アセスメントから，視覚的な手がかりとして「色」が有効だとわかりました。よって，カードの手がかりを色にし，ボードから順に取って教材につけた色の台紙へマッチングする設定にしました。ボードの色カードがなくなったら「できました」カードで報告します。確認用に，文字の指示書も用意しました。

　子どもは，色の設定を理解して課題に取り組み，毎朝の個別学習はルーティンとなりました。成功体験が，安定した生活の基盤となっていきました。

取り組む場

長机を3分割し，真ん中を取り組む場に設定します。子どもは，ボードにある色カードを1枚取って教材にある色の台紙へつけ，1つずつ課題を達成させます。終えたら，右側へ移していきます。

🔍大切にしたい視点

- ●「色」など，確実に理解できる手がかりを活用する。
- ●不安定になりやすい子どもには，確実に達成できる課題を用意し，成功体験で終えられるようにする。
- ●環境をシンプルに設定する。

💡 何のための構造化!?

- ●子どもの「人生初」の自立した取り組みを創出するため
- ●成功体験を日常のルーティンにするため
- ●自立課題の活動を介して折り合いをつけられるようになるため

物理的

時間

活動

24 順番に自立課題を達成できる
個別課題用のワークシステム〈2〉

こんなときに‥‥‥‥ 数字の手がかりを用いて活動を切り替えるとき

▶▶▶ 作り方 p.122

つまずきをひもとく

　行動障害の対応には，行動問題への予防的環境設定と共に，意欲的に取り組める活動をつくり，活動を通じて折り合いをつける学習の積み上げが大切です。自立的に取り組むことができ，達成したことを褒められる活動です。

　要求が通らない場面になると，物壊しをしてしまう子どもがいました。また，興味の幅が狭く「紙破り」だけが唯一の座ってできる活動でした。そのため，一緒に破りながら，紙を箱に揃えたりついていたセロハンテープを分別したりして少しずつ活動を広げました。次に，プットインなどの簡単な自立課題に取り組めるようになったため，さらに自立を広げようと考えました。

具体的設定と変化

　プットイン課題や型はめなど，子どもが好きで確実に達成できる自立課題同士を連結させるワークシステムの設定をしました。アセスメントでは，10までの数字の理解が確認できたため，カードの手がかりとして用います。ボードにつけた数字カードを取り，棚に置いた教材の同じ数字の台紙につけ，上から順番に1つずつ完成させ，終えたら左のカゴへ入れていきます。最後に，残った顔写真カードを取ってスケジュールに戻り，次へ向かいます。

　子どもは，給食後のルーティンとして毎日自立課題に取り組めるようになりました。すると，作業学習や数学の授業でも同じワークシステムで取り組めるようになり，新しい場面でも混乱せずに活動できるようになりました。

活動の流れは
左から右

順番は
上から下

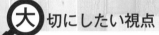

フィニッシュボックス

大切にしたい視点

- なるべく一般社会で用いられやすい手がかり（色よりも数字など）を用いることを検討する。
- 1つの教材へ従事する時間や量を増やすよりも，（短時間でも）質の異なる教材の種類やその連結を増やす。

何のための構造化⁉

- 自立的に取り組む活動を通じて折り合いをつけられるようになるため
- 達成感や成功体験に基づいた教師との良好な対人関係を築くため

物理的

時間

活動

25 スキルを補って作業へ従事できる
メモ帳用の紙束づくりの設定

こんなときに: 作業学習用のジグを活用するとき

▶▶▶ 作り方　p.123

📋 つまずきをひもとく

　数量の概念を理解できなければ，数えたり計ったりする作業に従事できないのでしょうか。視覚的な手がかりによって，作業の手順などを学習しやすいように工夫した補助教材は「ジグ」と呼ばれています。

　紙リサイクル班の作業学習で，担当となった子どもの作業内容を決めるため，アセスメントを実施しました。3までの数は理解でき，カゴなど枠組みがあれば正確な作業の遂行が可能だとわかりました。よって，メモ帳制作班の「紙束づくり」担当にしました。紙を10枚束にする工程の作業です。「10」を数える支援のため，ジグを導入して自立できる方法を考えました。

🌱 具体的設定と変化

　紙を10枚に分ける場と，それを収納する場の2つの場を設定しました。分ける場では，紙と同じ大きさの枠が10枠あるトレーの機能を有したジグを用います。全ての枠に紙を並べたら10枚です。次に，その並べたトレーのジグを持って収納の場へ行くと，洗濯バサミ10個と紙束を10束収納するジグがあります。トレーのジグから紙をまとめて束にし，洗濯バサミで挟んで収納用ジグに入れます。10束入れたら100ページ完成できる流れです。

　ジグの枠に紙をマッチングして並べる設定のため，子どもは正確に10枚仕分けられました。また，工程を2カ所に分けて作業することで，その場で求められる活動が明確になり，100枚まとめる作業まで可能になりました。

ジグは，紙や紙束の形状に合わせて，ぴったり入るように制作する。

大切にしたい視点

- 基礎的な概念が未習得であっても，ジグがあればできる活動の可能性は広がると考える。
- 課題分析し，単純な活動要素に分けてから達成可能となるジグをつくる。
- （時間があるからといって）作業量を多くしすぎない。

何のための構造化!?

- 数量の理解が困難でも正確に作業に従事できるようになるため
- 作業工程を細分化し，スモールステップで取り組めるようにするため

物理的

時　間

活　動

26 作業の正確性を導く
スタンプ押し作業の設定

こんなときに　作業学習用のジグを活用するとき

▶▶▶ 作り方　p.124

つまずきをひもとく

　使用済みのプリント類を再利用し，職員用のメモ帳を作る作業班。印刷した側にスタンプを押し，白紙側を上にして揃えていく工程がありました。

　筆者が担当する子どもは，白紙側を確認して揃えることができました。しかし，スタンプを印刷面の中心へ押すこと，垂直方向からゴム面全体をつけることが難しい様子でした。また，活動に見通しがもてない状況になると，常同行動が多くなり，集中しづらい様子もありました。そのため，正確にスタンプを押すスキルを支援し，作業の見通しを助ける設定が必要です。

具体的設定と変化

　スタンプを正確に押すためのジグと，紙の量を物理的に示すジグを作りました。スタンプ押しのジグは，枠に紙を入れて正しい位置を固定できる構造にします。そこへスタンプと同じ形の穴が空いた板を被せ，穴からスタンプを押します。板を厚くすることで，垂直にスタンプを押すことができます。紙の量を示すジグは，15枚の紙を1枚ずつ入れる枠がある収納ジグにしました。ジグから1枚ずつ紙を取ってスタンプし，なくなったら終わりです。

　子どもは，収納ジグの手前から紙を1枚ずつ取ってスタンプ押しのジグに入れ，正確な位置へ綺麗にスタンプを押すことができるようになりました。「なくなったら終わり」という見通しを確認できることで，常同行動は見られなくなり，集中して作業できるようになりました。

枠に紙を
入れる

穴へ挿入し
スタンプを
押す

大切にしたい視点

- 支援があればできる「芽生え」の力を活かせるようにする。
- 子どもの状況に合わせて作業量を調整し，毎回確実に達成できるようにする。
- 左から右の流れでジグを配置する。

何のための構造化!?

- 自分の力で正確にスタンプ押しができるようになるため
- 終わりまでの量を目で見て確認できるようにするため

物理的
時　間
活　動

27 こだわりを利用して作業できるようになる
ペットボトルのラベル剥がしの設定

こんなときに 作業学習用のジグを活用するとき

▶▶▶ 作り方 p.125

つまずきをひもとく

「紙破り」が大好きで止められず，なかなか活動の幅を広げることが難しい子どもがいました。1日の大半を，教師と一緒に紙を破って過ごすようなこともありました。「こだわり」は止めさせるよりも，その興味や関心をうまく利用しながら代替となる活動へつなげられるよう，発想を転換します。

子どもが所属するリサイクル班は，ペットボトル作業をします。校外で回収し，キャップなどを分類して再生用にまとめ，納品する活動です。分業制なので，子どもの担当を「ラベル剥がし」工程にしました。好きな「破る」行為を仕事にするため，視覚的に理解できる環境設定が必要です。

具体的設定と変化

環境からの刺激に影響を受けやすい子どものため，作業場所は教室にしました。そのため，個別課題用のワークシステム〈2〉（24）を活用しました。教材の代わりに，ジグを棚に設置し，位置がわかるように写真の手がかりをつけます。ボードにある数字カードを，ジグの数字の台紙へマッチングさせてから机に出し，本体，キャップ，ラベルに分類します。空になったジグは棚に戻し，次のジグへと進みます。全て剥がし終えたら，ボードに残ったシールを，眼前へ掲示した作業日誌へ貼って1工程の終わりを確認します。

日々の個別課題の設定と同じにしたことで，子どもはすぐに理解して作業できました。好きな活動要素を入れることで，意欲的に作業ができました。

作業日誌　　　ボトル

剥がしたラベル
をフィニッシュ
ボックスへ

終えたジグは
もどす

キャップ

🔍 大切にしたい視点

- 「こだわり」を強みのスキルと捉え，作業へ替えようと考える。
- 普段の活動で成功しているシステムや要素を，作業やジグへ取り入れる。
- 必要な要素だけのシンプルな設定にする。

💡 何のための構造化!?

- 好きな破る行為を作業で取り組む活動へ取り入れるため
- 見通しをもって最後までラベル剥がし作業ができるようになるため

28 再構造化によってできるようになる
ネジの封入作業の設定の改善

こんなときに：作業学習用のジグを活用するとき

▶▶▶ 作り方　p.126

📝 つまずきをひもとく

ペットボトル作業（❷❼）ができるようになったため，同じ環境設定を用いれば，別の作業ができるのではと考えました。現場実習で体験した作業を参考に，ネジの封入作業に挑戦しました。ジグを替えるだけの設定です。

子どもは，数字カードのマッチングを手がかりに，ジグをとって机に置きます。次に，小袋へネジを1本入れて封をし，ジグに1つずつ並べ入れていきます。すぐに手順を理解し，3工程完了するまで長時間集中できました。しかし，4週目になると，活動停止やジグを壊すような行動が始まりました。作業量が多すぎてしんどさを伝えられず，頑張りすぎていたのです。

🌱 具体的設定と変化

視覚的に理解することを助けるツールの効果は絶大です。一方で，その活動自体が，本当に子どもがやれることなのか，どのくらい頑張ればいいのかは，吟味しなければなりません。この封入作業では，「量が多すぎ」たことが行動の変化に発展しました。子どもは，コミュニケーションに課題があり，伝える手段がないために適切ではない行動で表現し，それが更に失敗経験へとつながっていきました。そのため，子どもの変化を見逃さず，子どものスタミナに合致した量へ調整するなど，環境を再構造化する必要がありました。

ジグを半分に切断し，1工程の量を2工程分にしました。翌週から，スムーズに取り組めるようになり，完成まで集中できる様子に戻りました。

作業量が
多すぎる

作業量を半分に減らすため，使っていたジグを半分にする。段ボールで自作するからこそできる再構造化の設定。

「量が多い」状態で，頑張っていたときの封入作業。ジグがあることで活動の幅は広がる。

大切にしたい視点

- 取り組む様子を注意深く観察し，変化を見逃さない。
- 支援ツールのみに頼らず，活動を介した対話を怠らない。
- 活動量へ注意をはらい，臨機応変に対応する。

💡 何のための構造化!?

- 子どものスタミナに合った量に調整するため
- 卒業後の福祉的な就労で必要となるスキルを具体的に身につけるため

物理的

時間

活動

29

「終わり」の理解と成功体験を得られる
プットイン教材

こんなときに‥‥
自立課題の導入を考えるとき

▶▶▶ 作り方　p.127

𝄞 つまずきをひもとく

　行動問題やパニックの原因には,「不安」が関係するといわれます。不安は,ASD の子どもにとって状況を理解できず見通しがもてないために生じることが多いため,教育的支援として個別にスケジュールを設定することが重要です。特に重度知的障害があり,行動上の課題が顕著な子どもには,スケジュールの設定と共に「終わり」の概念を学習する機会が必要です。終わりがわかれば,次の活動へ移行するタイミングを学ぶきっかけとなり,スケジュール活用の動機付けも高まります。プットイン教材は,「終わり」を学習することに適した自立課題だと考えることができます。

🌱 具体的設定と変化

　プットインは,手元にある物を穴へ放り込む教材です。放り込む物は,色彩や肌触りなど,心がときめくような魅力的な物を用います。穴は赤などで視覚的に明瞭化し,放り込んだ後に音が鳴る工夫も大切です。

　取り組める活動が少なく,教科などの集団学習へ参加が難しい子どもがいました。いつも握った物で音を出す感覚遊びをしています。よって,ビー玉のプットイン課題を提示し,手添えで穴に入れることを教えました。すると,内部のベルが鳴る音を楽しむように全て入れられました。その後,給食後の日課としてルーティンの活動になりました。また,絵カードをポケットに放り込む形式のスケジュールも活用できるようになっていきました。

切にしたい視点

- 教材の完成度＝合理的配慮度と認識する。
- 目的とするゴールの穴が明瞭化されている。
- エラーレスで達成できるように整える。
- 放り込む物の形が複雑すぎたり，量が多すぎたりしない。

💡 何のための構造化!?

- 活動の始点と終点を学ぶため
- 褒められることを介した教師との相互交渉の機会をつくるため
- 毎日の小さな成功体験を積み上げるため

物理的

時間

活動

30

ジグを活用するスキルが身につく
型はめ教材

こんなときに 自立課題の導入を考えるとき

▶▶▶ 作り方　p.128

📝 つまずきをひもとく

　興味あるものが視界に入ると，何でも衝動的に触ろうとする子どもがいました。観察すると，具体物へ注目する能力が高い一方，空間認知には弱さがあることがうかがえました。そのため，空間認知を整理し，視覚的な指示に慣れることで折り合いをつけられるようになる練習が必要だと考えました。

　型はめは，「カチッ」とはまる感覚で達成感を感じやすく，形などをマッチングする際の具体的な指示が一目瞭然です。また，ジグを活用した活動へ繋げたいと考えました。作業学習でジグを活用できれば，作業工程の理解を助け，多様な作業へ取り組む機会を増やすことができるはずです。

🌱 具体的設定と変化

　はめ板側は既製品を用いるようにします。理由は，掌に収まる形状や触り心地のいい材質感など，物質的な魅力のある物にした方が意欲を高められると考えるからです。型側の制作は，はめ板になる物を用意し，材木へあてて寸法を決めます。用意したはめ板よりも薄い材を用い，ひと回り大きく切り抜きます。子どもが課題へ取り組む際に，はめ板をつかみやすくするためです。教材には，必ず縁をつけます。「組織化」として，枠組みを物理的に示すことで，ルールの中で操作することを学ぶためです。

　子どもは，毎日数種類の型はめに取り組みました。視覚的な指示となる型を見て確認し，はめ板を正確に操作しながら完成できるようになりました。

←作業的な課題設定は,
ジグの使用を意識して,
左から右の流れで制作
する。

 切にしたい視点

- 型側は,カチッと明快にはまるように制作する。
- 本体は,机の大きさに収まるサイズで作る。
- はめる物に欠損などを作らず,取り組みにエラーを起こさせない。

何のための構造化!?

- 具体物を操作しながら空間認知を整理できるようになるため
- 視覚的な指示に慣れ,自分で完成できるようになるため
- ジグを活用した作業へ取り組めるようになるため

物理的

時間

活動

31 模擬的な実習場面で般化・応用できるようになる
作業学習への接続を目的とした教材

こんなときに……　自立課題の導入を考えるとき

▶▶▶ 作り方　p.129

📝 つまずきをひもとく

　ASD の子どもには，新しい場面や状況の変化があると，習得したはずの
スキルでも応用したり般化したりするのが著しく困難になる人がいます。

　学校の作業学習では，模擬的な実習場面を想定し，ジグなどの用具を充実
させることにより，できる活動を広げることをねらいます。そして，実習先
では，事業所のやり方に合わせた行動も求められます。よって，現場実習で
体験した「手提げホルダー」の袋詰め作業を，そのまま学校へ持ち込んで練
習し，次の実習へ備えることにしました。まずは，自立課題の取り組みでス
キルの定着を図ってから，作業学習に応用してみようと考えました。

🌱 具体的設定と変化

　実習先の「手提げホルダーの袋詰め」作業は，10束にまとめて袋に入れ，
ラベル貼りの工程へと進んでいました。その中の，10個をジグに入れて仕分
ける工程を想定し，机上に収まる自立課題をつくりました。活動の流れは左
から右で，数の理解が困難な子どもでも全ての枠に入れれば10個に分類でき
る課題です。できるようになったら，作業学習でも同様のジグを作り，現場
実習の場面を設定します。実際の現場実習に向けた練習へつなげます。

　子どもは自立課題としてできるようになったため，作業学習でも取り組み，
ジグも4つに増やしました。実習先で困難だった作業が，同じものを用いて
練習することで作業遂行が可能となり，次の実習の準備が整いました。

自立課題として達成できた機能（左）から，作業学習の設定では複数のジグ（下）により作業量を増やす設定にする。実習先と同様の環境設定。

段ボールでジグを作る

大切にしたい視点

- 実際の実習先にある物を用いて具体的に場面を設定する。
- 単純な設定から，般化できる要素を段階的に増やしていく。
- 実習先をよく観察し，教師が実際に作業して課題点を理解する。

何のための構造化!?

- 就労や現場実習での具体的スキルを身につけられるようにするため
- ASD の人の般化・応用するスキルの苦手さを支援するため

物理的

時間

活動

32

自分の思いや希望を伝えられる
コミュニケート・絵カードツール

こんなときに…… 表出性のコミュニケーションを支援するとき

▶▶▶ 作り方　p.130

📝 つまずきをひもとく

　物に対するこだわりが強い子どもが入学しました。言葉によるコミュニケーションは困難で，要求を力ずくで通そうとする様子があります。希望通りにならないと，周囲の物を壊したりする行動もありました。

　まず，伝える手段がないことに着目しました。伝えれば要求が叶えられる経験を積むため，「ください」の絵カードを作りました。そして，大好きな「紙ちぎり」のエリアを作り，そこでカードを渡せば紙をもらえるようにしました。理解してやりとりできるようになったため，要求の多い物のカードを増やし，コミュニケーションツールとして拡大させようと考えました。

🌱 具体的設定と変化

　カードを渡して要求することは，コミュニケーションの方向性の理解へつながります。見えない言葉を「見える化」し，要求が叶う成功体験を重ねます。次に，子どもの行動を観察し，要求が強い事物のカード（写真など）を作ります。コミュニケーション・ブックにし，バーへ要求する事物のカードと「ください」カードを一緒につけると2語文の要求となります。携帯可能にし，コミュニケーションが機能するタイミングで活用できるようにしました。

　子どもは，機能的に活用できるカードが増え，様々な場面で伝えて得られる経験を積むにしたがい，行動も安定しました。また，言葉も一緒に添えてやりとりすることで，特定の単語で要求を伝えられる場面も生まれました。

要求するカードをバーにつけてから渡す

🔍 切にしたい視点

- 見えない言語のやりとりを視覚的に理解できるようにする。
- 音声言語に頼りすぎず，コミュニケーションが機能する視覚的なやりとり（カード）を優先する。
- 日常生活の安定に直結する教育的支援だと認識する。

💡 何のための構造化!?

- コミュニケーションの方向を「見える化」するため
- 要求を伝え，その要求が叶えられるやりとりを積み上げるため

物理的

時間

活動

33 用途に応じて自分の物を管理できる

日常生活へジグの機能を応用した箱

こんなときに……… 物に合わせて視覚的組織化するとき

▶▶▶ 作り方　p.131

つまずきをひもとく

　ジグは，正しい組み合わせや順序など，特定の物の大きさや形状に合わせたり配置を視覚的に示したりするための構造化と考えられます。

　エプロンや歯ブラシ袋など，日常的に用いる物を，教師に管理されて生活する子どもがいました。パニックになると，破いてしまうことがあったためです。卒業後の地域生活を視野に入れると，自分の物は自分で管理できるようになる必要があります。教師が管理すれば破くことはできませんが，自分で管理しながら生活経験を積む機会を奪うことにもなりかねません。ジグを手がかりにして，自立した日常生活のための支援を始めることにしました。

具体的設定と変化

　毎日持参する物品を収納するための箱を作りました。作業着やエプロン袋など，1つ1つの形状がピッタリ入るように段ボールで枠を作ります。また，その枠の中に，収納する具体物の写真を貼り，入れる位置や方向を示しました。収納箱は，学級で個々が鞄などを管理する身支度棚の上に固定しました。同様に，水筒やコップの形状に合わせた箱も作り設置しました。

　子どもは登校後，鞄を開けて連絡帳袋，水筒，エプロン…と1つずつ順番に出し，収納箱の写真とマッチングさせながら箱の枠へ入れるようになりました。日々の時間割に応じて物品が変わっても混乱なく収納し，それがルーティンとして定着しました。活動が自立し，破る行動もなくなりました。

具体物の写真を，利き手で取り出しやすい方向で入れられるように大きな写真で示す。手前の方に，使用頻度が高い物品を入れられるようにする。

立てて管理する水筒や薬用のコップは，立てた状態の写真を撮り，正面から見やすい側面に貼る。

🔍 大切にしたい視点

- 1つ1つの物の形状に合わせて収納枠を作る。
- 用途別に入れる物を分類し，用いる活動（場面）ごとのまとまりにして設置する。
- 視覚的な手がかりは，子どもの理解に合ったものをつける。

💡 何のための構造化!?

- 自分の物を自分で管理できるようになるため
- 物を管理する場所を視覚的に理解するため

物理的

時間

活動

34

手持ち無沙汰になったら触って安心できる
隙間時間の活動をつくるためのグッズ

こんなときに……：センサリーグッズをあれこれ準備したいとき

▶▶▶ 作り方　p.132

📝 つまずきをひもとく

　感覚などの欲求に応えられる刺激や活動が提供できる物を，センサリーグッズと呼んでいます。ASD の人の中には，興味や関心の幅が狭かったり，意欲的に取り組める活動が少なかったりする人がいます。加えて，待つことが苦手だったりすると，手持ち無沙汰な状況が不安定さを助長してしまうことになります。よって，隙間時間の活動をつくることが大変重要です。

　個別のスケジュールを活用し，見通しをもって生活できるようになった子どもがいました。カードで授業を確認し行動していましたが，やることがない休憩時間に限って不安定になります。何か活動が必要だと考えました。

🌱 具体的設定と変化

　まずは，子どもの日々の行動を観察し，「好き」を知ることが重要です。
　子どもは，緑色が大好きです。カラカラと音が鳴る物やペットボトルなどを顎にぶつけて反響する感覚を楽しんでいる様子もありました。不安定になると物壊しをしていましたが，「一緒に作ったものは壊さない」という本人なりの決め事があるということもわかりました。よって，子どもと一緒にガラガラ（音が出る玩具）を作りました。廃材と布を用い緑色に仕上げました。
　休憩場所にガラガラを設置しました。子どもは椅子に座り，手持ち無沙汰になると，手にとって眺めたり顎に当てたりして過ごし始めました。種類を増やすと，交互に出し入れして遊び出し，不安定になる様子も減りました。

区切って写真で収納場所を示す。

収納に写真で位置を示し，内部を区切る

🔍 大切にしたい視点

- こだわりや興味のある活動，物などを取り入れる。
- 休憩エリアなど，使える場所や場面などのルールを視覚的に示し，自由に使えるようにする。
- 好きすぎて止められなくなるようなグッズは避ける。

💡 何のための構造化!?

- 手持ち無沙汰の状況を軽減するため
- 待ち時間でも安心して待つことができる手立てを増やすため

第3章

支援ツール
の作り方

個別の机上パーティション

制作難易度 ★★☆☆

❶ベニヤ板（厚さ3〜5mm程度）と角材を用意する。

❷机の大きさ（65cm ×45cm）に合わせてベニヤ板を切る。高さは40cm程度にして，側面用の板は斜めに切る。

❸柱（角材）へ板を接着する。木工用ボンドをつけ，ネジで固定する。

❹紙やすりで，木口のささくれや表面のザラザラを全て削り取る。

❺ハケで水性ニスを全面に塗る。

❻乾燥したら角部の底面に面ファスナーをつける。机側にもつける。

❼他に，用途や生徒のニーズに応じて，指示書などを取り付けるための面ファスナーや目玉クリップなどを設置してもよい。

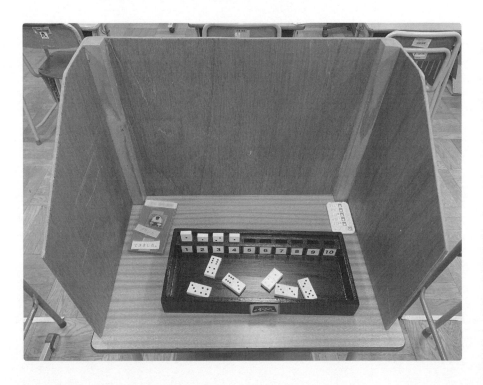

水回りの布巾掛け

制作難易度 ★★☆☆

❶ 木工室などにある端材の板と丸棒（直径2cm程度）を用意する。

❷ 丸棒を布巾の大きさに合わせて適度な長さに鋸で切る。

❸ 板側へドリルで下穴を開ける。丸棒へ木工用ボンドをつけ，下穴に合わせて接着し，ネジで固定する。

❹ 壁に設置する。壁面が石膏ボードやコンクリートの場合は，専用のアンカーを打ってからネジで固定する。

❺ 使用する子どもが理解できる指示書（写真や絵，文字など）を貼る。布巾をかけても隠れない，目線より下の位置へつける。

❻ 洗濯バサミに紐をつけ，棒の根元へ結びつける。

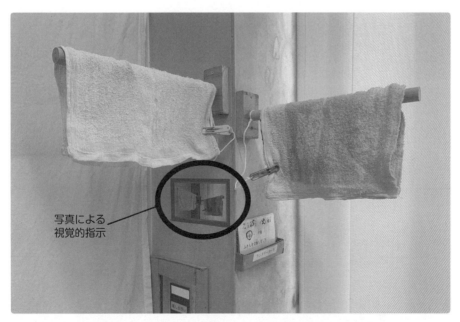

写真による
視覚的指示

グラグラと動かないように制作し，壁に固定する。安全のため，
部屋の動線から外し，頭や顔が触れないシンク上部などへ設置する。

適材適所のテニスボール

制作難易度 ★☆☆☆

❶不要になったテニスボールを用意する（100円ショップでも可）。

❷太いカッターナイフを用意する（細いと折れて危険）。

❸2cm程度（太刃の幅）で「×」の切り込みを入れる※。

（切り込み幅が大きすぎると脚が抜けやすくなるので注意）

❹机（椅子）の脚を差し込む。切り込みの×上へ脚をのせ，体重を使って挿入する。

❺必要箇所にはめて完成（左右対称の位置につける）。

※一般的な個別机（椅子）の脚の太さに対応

挿入口が
凹む状態

机の中のエリア分け

制作難易度 ★☆☆☆

❶子どもと一緒に，机の中を整理整頓し，用途別に物品を分ける。

❷プラダンや段ボールを用意する。

❸物品に応じた大きさや高さで部材を切り出す。細かい物品は，蓋付の箱に
　入れるなど，用途別に容器の機能を追加する。

❹段ボールは木工用ボンドで，プラダンはグルーガンで接着し，固着するま
　でセロハンテープで仮止めする。

❺完成後，物を入れて机に収納する方法を子どもと一緒に考える。

❻ピッタリと収まる設定を確認する（必要に応じて机内にテープを貼ってエ
　リア分けし，視覚的に位置を確認できるようにする）。

子どもと相談
しながらつく
る

前後左右に隙間ができ
るように余裕をもった
収納にする。小さな容
器は，底面へ面ファス
ナーをつけ，固定でき
たり外したりできるよ
うにする。

パーティションによるカームダウンエリア

制作難易度 ★★☆☆

❶用いるパーティションの目的と機能を子どもに合わせて検討する。

❷教卓とエリアを隔てるパーティションは，力で要求を達成できないように
強固な板（廃材）を用い，ネジで固定する。教師と一緒に好きな物づくり
ができるように，低い高さにする。（写真左）

❸向こう側の気配をうかがい知ることができるレース地のパーティションを
作る。窓外からの採光も考慮する。（写真右）

❹好きな物を入れられる収納箱を用意し，安心できるグッズ（❸❹）を用意
する。また，自分で管理できるように視覚的に収納を示す。

❺エリアを明確に示すため，床にビニールテープを貼る。

体重がかかる状況に対し，
ネジでしっかりと固定する。

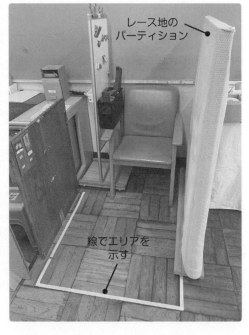

手繋ぎの代替・ゴムリング

制作難易度 ★☆☆☆

❶プール倉庫に行って，最適な「水中リング」を探す。

❷体育科に相談して借りる手続きをとる。

❸教室の出入り口付近に同じ色のフックをつけ，片づける場所を決める（写真左は，パーティション上部へS字フックで設置）。

プールにない場合

❶ゴムホースとホースジョイント（I型・プラスチック製など）をホームセンターや100円ショップで購入する。

❷ホースを適度な長さに切る。

❸ホースジョイントで隙間が閉じるまでねじ込みリングにする。

❹釣具専用の瞬間接着剤を隙間に流し込む。

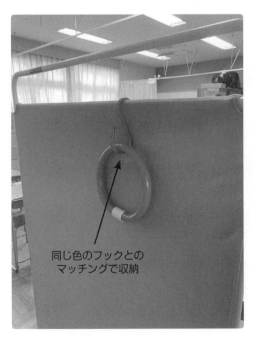

同じ色のフックとの
マッチングで収納

噛んだり投げたりしても安全に使えるようにするため，素材はゴムやプラスチック製にする（金属を用いない）。

上から下の流れによるスケジュール

制作難易度 ★★☆☆

❶絵や写真，文字など，子どもが理解しやすい手がかりでカードを作り，ラミネート加工する（示す大きさをよく吟味する）。

❷穏やかな色のプラダンをカットしボードを作る。グルーガンを使ってポケットを作る（入れやすく落ちない形状で，カードがはみ出る大きさの深さに制作する）。

❸面ファスナーを貼る（落ちづらく，つかみやすい大きさにする）。

❹子どもの座席位置と動線に近い場へ設置エリアを決める。視線の高さ，手の届く距離，毎回確認しやすい方向など，行動や特性に配慮する。

❺粘着性の両面テープで，ボードをエリアの壁などへ貼る。

❻発達や能力に合わせ，再構造化を繰り返しながら活用する。

朝で1/3なくなる

つかみやすい大きさ

登校後の1時間で1/3のカードがなくなる設定。カードが多いと負担を感じやすいので，量に注意する。ポケットは，カードをつかめるような深さで制作する。グラつきがないように設置場所へ固定する。

宿泊行事・校外学習用の携帯式スケジュール

制作難易度 ★★☆☆

❶リングファイル（大きいものを切っても可）と，色が異なる PP 素材のファイル（準備編 p.7）を用意する。

❷携帯できる大きさにファイルをハサミで切る。角を落とす。

❸別の色のファイルを，カード収納ページ用に切る。パンチで穴を開ける。

❹色の異なるファイルを切り，スケジュール表示面をつける。

❺日常で用いるスケジュールと同じ仕様の小カードを作り，ラミネート加工（縁を残してカット）する。裏に面ファスナーをつける。

❻表紙面及びハンドブック内へ面ファスナーを細く切って縦に貼る。

❼必要に応じて首にかけられる紐を取り付ける（穴を開ける）。

❽スケジュールカードを取り付ける。

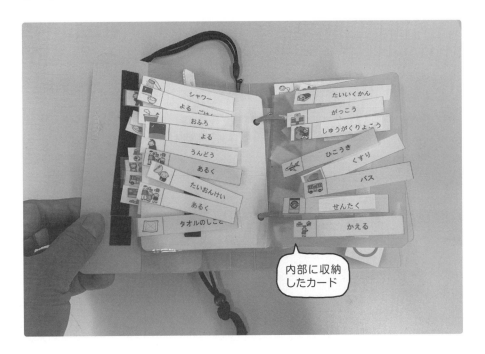

内部に収納したカード

1つ提示—消去式—のスケジュール

制作難易度 ★★★☆

❶金属製フック（100円ショップなど），板，プラダンを用意する。

❷プラダンをハサミで手に収まりやすい大きさに切り，カードを作る。

❸文字と写真による工程カードをラミネート加工し，切ったプラダンへ両面テープで接着する。

❹板にネジで金属製フックを固定する。カードの色を明瞭に示すため，板側へ黒いプラダンを接着して背景をつける。

❺カードに，フックへかけるための穴を開ける。

❻強力両面テープでフック本体を壁に固定する（グラつきをなくす）。

❼その日の作業量（作業分）のカードを，順番にかける。

❽作業エリアへ，同じ写真・色をつけたポケットを設置する。

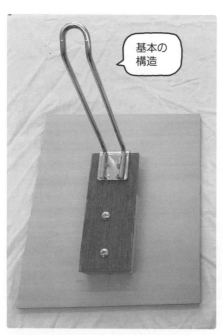

基本の構造

1つの情報のみ確認

ページめくり式のスケジュール

制作難易度 ★★☆☆

❶リングファイルと色の異なる PP 素材（準備編 p.7 ）を用意する。

❷PP 素材をハサミで A 5サイズ程度に切る。ページの枚数分作る。

❸リングファイルを，リング部分を中心の位置にして切り，スケジュール本体を作る。PP 素材のページより大きいサイズにする。

❹授業などのスケジュールカードを，子どもの理解できる手がかり（絵，文字など）に合わせて制作し，ラミネート加工する。

❺カード，ページの PP 素材，本体へ，面ファスナーを貼る。

❻本体を，子どもの見やすく手で操作しやすい場所へ取り付ける。

❼毎日，授業カードを付け替え，スケジュールの枚数分のページを本体リングへつける（見た量で終わりを確認するため不要ページは外す）。

めくりやすい高さに設置する。

シールの位置をつかむ

つまむ場所を丸シールで示す。PP 素材で作ったページ数が1日の活動量。終わりが，視覚的に一目瞭然。

顔写真カードとポケット

制作難易度 ★★☆☆

❶子どもがわかる手がかりを作り，5cm程度の大きさに印刷する。

❷好きな色などで枠を作り，写真と合わせラミネート加工する。

❸ポケットを作る。カードの大きさに合わせてプラダンを切り，ホットボンドで接着して組み立てる。カードが少しはみ出すサイズで，中にあることを確認できるようにする。

❹黒などで背景をつけ，カードが見やすいように明瞭化する。

❺スケジュールに戻るのを忘れ，指示待ち状態の場面を観察し，その場の注目しやすい所へ面ファスナーを貼って写真カードをつける。

❻スケジュールの下など，理解しやすい位置へポケットを設置する。

❼活動後，写真カードを取ってポケットへ入れに戻る行動を子どもに教える。

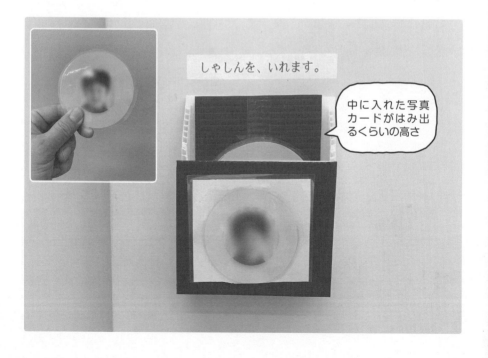

しゃしんを、いれます。

中に入れた写真カードがはみ出るくらいの高さ

スクールバス・バス停の乗降者確認 BOOK

制作難易度 ★★★☆

❶ PP 素材のリングファイルを，色違いで２つ用意する（中古で可）。１つはハサミで解体し，中ページ用に切り離す。角をとる。

❷ 中ページにパンチで穴を開けてリングへ通し，BOOK 本体を作る。

❸ 子どもの理解に合わせ，パソコンで絵や写真，文字などによるスケジュール表及びカードの原稿をつくる。

❹ ラミネート加工する（個々のカードは縁を残して壊れづらくする）。

❺ BOOK 本体へ，スケジュール表と終わりのカードをつける表を両面テープで接着する（同じバス停名などの手がかりを薄い文字で示す）。

❻ カードをつける位置へ面ファスナーを貼る（バス車内へ設置するための，表紙面及び中ページ固定用にも面ファスナーを貼る）。

その他：重要な情報を赤色で明瞭化する。復路も次ページへ同様に作る。

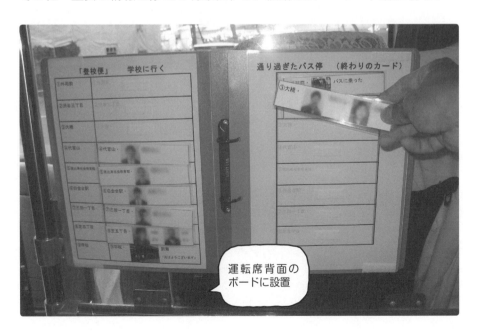

運転席背面の
ボードに設置

体育的活動用のチップとボード

制作難易度 ★☆☆☆

❶目立つ色の PP 素材のファイル（中古で可）を用意する。

❷ファイルをハサミで使いやすい大きさに切る。

❸紐をつける穴をパンチで開ける。

❹適度な数量の面ファスナーをつける（数量が多すぎると，それを見ただけで子どもが拒否的な気持ちになるため，つけすぎない）。

❺チップを作る（ラミネートフィルムに直接○シールを貼って挟み，ラミネート加工する。縁を残して切り，裏面に面ファスナーを貼る）。

❻紐をつける（必要に応じて）。

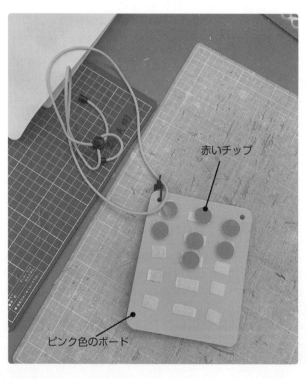

赤いチップ

ピンク色のボード

屋外での視認性を高めるため，ピンクなどの目立つ色のボードにする。チップの色を，最もわかりやすい色で視覚的に明瞭化する。チップを操作する順などは考えず，「なくなったら終わり」のみのシンプルな機能として設定。

忘れ防止のための指示書

制作難易度 ★☆☆☆

❶「忘れ物チェッカー」（コモライフ）を用意する。付属品などの必要のない部品は全て取り外す。

❷利き手側でボタン操作しやすい方向，左から右の流れなど，使用者が確認しやすい方法でチェッカーの上下左右を決定する。

❸活動名や時間など，生徒の理解に合わせた情報をテプラで作って貼る。枠が小さいので，文字と情報は精選する。

❹活用する子どもの名前を明記する。

❺裏面に面ファスナーを貼り，机上に固定できるようにする。

❻必要に応じて紐をつけたり，収納用の箱を机の中に設置したりして，使用者が自分で管理できるようにする。

コモライフ（株）「持ち物・忘れ物チェッカー」

左から右への操作式指示書

制作難易度 ★★☆☆

❶他者と同じ日課帳ファイルを用いる（プライドへ配慮する）。

❷子どもと一緒にカードを制作する。画用紙へ指示書の文字を書く。

❸書いた指示書（朝と帰りの両方）をコピーする。

❹指示書の倍以上ある大きさの台紙（異なる色）に貼る。左側にコピーした
指示書を貼り，右側の同じ位置に番号を示す。また，「おわり」と明記し，
終了した活動カードをつける側を示す。

❺ラミネート加工後，右の文字の上と左へ白い面ファスナーを貼る。

❻指示書（画用紙の方）を，活動ごとに切り分けてカードにする。

❼カードをラミネート加工し，面ファスナーをつける。

❽曜日別の「時間割」カードを作る。面ファスナーで机上へ脱着できる機能
にする。箱も作り，自分で管理できる場も設定する。

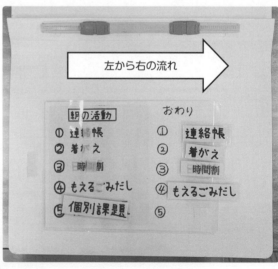

「時間割」は，連絡帳入れの自分の場へ収納する。
机に貼り替えるだけで予定確認は完了。

人生初の飛行機に挑戦するためのツール

制作難易度 ★☆☆☆

❶ PP素材のファイルを用意する（再利用で可）。

❷ 適度な大きさで切り出し，台紙を作る。角を丸く切って，尖っている部分を取る。

❸ 日常活用しているシステムやシンボルと同様の絵カード（4cm程度）を作り，ラミネート加工する。縁を残し，角を取る。

❹ カードと台紙の両面に面ファスナーをつける。

❺ 台紙に穴を開け，携帯用の紐をつける。日常で活用しているキッチンタイマーなどを用意し併用する（タブレット端末のアプリなども活用できる）。

❻ できる限り，事前に練習してから活用する。

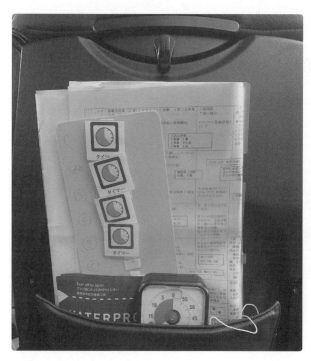

←家庭で使っているタイマーを空港で渡され使用した。

排せつの回数ツール

制作難易度 ★★☆☆

❶対象の子どものスケジュールなどと同様の手がかり（絵）で，トイレカードを作る。カードはラミネート加工し余分に作る。

❷プラダンを使い，台紙とポケット（グルーガンで接着）を作る。ポケット部の背景色は変え，放り込む場を明確に分ける。

❸台紙とカードへ面ファスナーを貼る。

❹トイレの取手の注目しやすい位置周辺へ，強力な両面テープで貼り付け，設置する（引き戸は開閉時に引っかかるため注意する）。

❺活用する様子を観察し，安定して使えるようになってから家庭へと引き継ぐ。目的や方法を保護者と十分に話し合う。

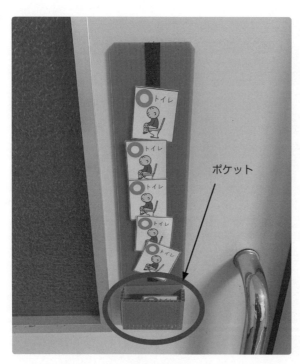

ポケット

１日単位の活用を目的としたため，カードは，毎日教師が貼って元に戻す。カードの数など，設定が異なると活動のエラーへつながりやすいため，戻し忘れに注意する。ルーティンで活用できることで，自分で視覚的に回数を確認する機能になる。

山手線の現在地確認 BOOK

制作難易度 ★★☆☆

❶ A5サイズのリングファイルを2つ以上用意する（再利用や大きいファイルをカットしても可）。

❷ 1つのファイルの表紙部分のみ解体し，2枚に切り離す。

❸ ファイルの表紙の大きさに合わせ，「行き」と「帰り」の駅名表を作り，ラミネート加工する。リングファイルに両面テープで貼る。

❹ 色を赤に変えた駅名カードを作り，個別にラミネート加工する。

❺ 駅名表とカードの両側に面ファスナーを貼る。カードを紛失すると混乱を招くため，大きく（複数）貼って落下を防止する。

❻ 必要に応じて中ページを作り，路線図や乗車ルールなど示す。

❼ 保護者と，活用方法について情報を共有してから活用を開始する。

めくるカードは赤字

ネガティブ・ルールは避ける

個別学習のワークシステム

制作難易度 ★★☆☆

❶プラダンを用意し，カードの量に合わせた大きさでボードを作る。

❷使用する子どもの名前を明記し，面ファスナーを縦に貼る。机に設置するための面ファスナーも裏面と机に貼る。

❸教材カード（写真・文字など）を作り，ラミネート加工して面ファスナーを貼る。収納棚に貼る分も作り，両面テープを貼る（計２枚）。

❹段ボールで教材収納棚を制作し（『集団編』 ❼），室内に教材エリアを設定する。棚の段へ教材カードを貼る。

❺教材の最も見えやすい前面へ面ファスナーを貼る（教材カードをつける箇所を明確に示すため，教材と異なる色の面ファスナー）。

❻選んだ教材カードをボードにつけ，机に設置する。

写真と具体物のマッチング。

教材の出し入れも，自立をねらう重要な活動と捉えて設定する。

資源回収の可動式指示書

制作難易度 ★★★☆

❶キャスター付きの掲示板を用意する。

❷回収する全教室の写真を撮影する（子どもが見る側から撮る）。

❸掲示板のサイズを確認し，指示書のカード（写真・文字）を作る。

❹ラミネート加工し，裏面にマグネットをつける。休憩など，子どもの期待感を高める目標となるカードには色のビニールテープを貼り，視覚的に明瞭化する。

❺カードを収納できるポケットとタイマーを取り付ける（ポケットは取り外しができるマグネット式が便利）。

❻完成した可動式指示書に，回収で周る教室の順に上から下へ写真カードを貼る。カードはできるだけ1列で設定する。方向（流れ）を統一する。

2列の設定は
極力避ける

ポケット

手で押して各教室を移動できる。

iPhone のアプリを利用した指示書

制作難易度 ★★☆☆

　本実践は，魔法のワンド・プロジェクト（2014・ソフトバンク（株）/東京大学先端科学技術研究センター）において事例報告を行ったものです。

❶ iPhone を用意する。

❷首及び肩にかけるベルトをつける（100円ショップ可）。

❸必要に応じて防水カバーをつける。

❹アプリを入れる（本実践は「たすくステップス」（Info Lounge LLC）のアプリを使用）。

❺作業工程を課題分析し，支援が必要な工程を明確にした上で写真を現場で撮影する。写真は，子どもが理解しやすい方向から撮る。

❻文字や音声など，子どもの理解に合わせた手がかりをつける。

❼子どもに操作を教え，一緒に手順通りの作業をしてみせる。

❽端末を見て作業する方法を教え，教師は段階的に離れる。

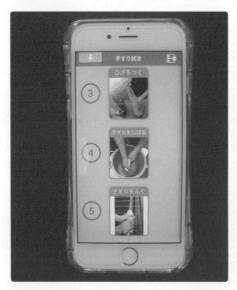

防水カバーをつけた iPhone。

個別課題用のワークシステム〈1〉

制作難易度 ★☆☆☆

❶不要になったファイルの表紙やプラダンなどの材料を用意する。ハサミで切ってボードを作る。縦に4箇所，面ファスナーを貼る。

❷同色のカードを2枚作りラミネート加工する。1枚はボードにつけるカードで，1枚は教材へ貼る色の台紙として用いる。

❸色カードに面ファスナーを貼る。

❹色の異なる紙にテプラで作った「できました」の文字を貼り，ラミネート加工して報告カードを作る。面ファスナーを貼る。

❺教材の前面に面ファスナーを貼り，色の台紙をつける。

❻必要に応じて手順を示す指示書を作成し，ラミネート加工する。

❼左から右の流れで学習環境を設定する。

（本事例は，当時の子どもの実態により長机だけで環境設定を行った）

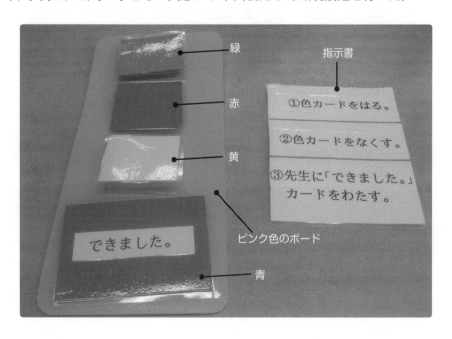

緑
赤
黄
ピンク色のボード
青

できました。

指示書
①色カードをはる。
②色カードをなくす。
③先生に「できました。」カードをわたす。

個別課題用のワークシステム〈2〉

制作難易度 ★★☆☆

❶専用の個別学習エリアを教室内に設定する（多目的な場にしない）。

❷3段の棚を用意し（『集団編』 07），左側に置く。

❸フィニッシュボックスのカゴと土台を用意し，右側に置く。

❹自立課題専用の机と椅子を用意し，真ん中に置く。

❺プラダンを用意し，面ファスナーを縦に貼ってボードを作る。

❻同数の数字カードを2枚ずつ作り，ラミネート加工し面ファスナーを貼る（教材につける数字の台紙は，両面に面ファスナー）。

❼教材にも面ファスナーを貼る。

❽棚に教材を入れ，台紙の数字カードを上から順につける。机に設置したボードへ，上から順に数字カードをつける。

メモ帳用の紙束づくりの設定

制作難易度 ★★★☆

❶ 大きな面がとれる基礎段ボール（準備編 p. 6）を用意する。

❷ 紙が10枚入る枠の幅を測り，トレー部の大きさを決めて鉛筆で罫書する。本体部をカッターナイフで切り出す。

❸ 余った段ボールを 1～2cm 程度の幅に細く切る。

❹ トレー部へ，紙が10枚並べられる位置を測って鉛筆で罫書きする。

❺ 罫書に合わせて，細く切った段ボールを木工用ボンドで貼る。乾燥するまで，セロハンテープで仮止めする。手前側は，取り出しやすいように枠をつけない。

❻ 枠の中へマーカーで数字を明記する。

❼ 乾燥したら仮止めしたセロハンテープを剥がす。

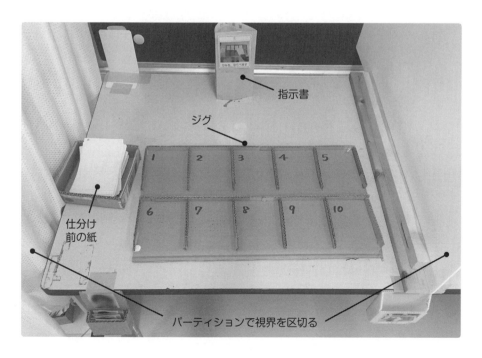

指示書

ジグ

仕分け
前の紙

パーティションで視界を区切る

スタンプ押し作業の設定

制作難易度 ★★★☆

スタンプ押しジグの作り方（収納ジグは『集団編』**07**「棚」を参照）

❶基礎段ボールとプラダンを用意する。

❷プラダンへ，スタンプする再生用紙をモデルにして合わせ，周囲を3mm
　程度大きく切り抜き，ジグの枠を作る。

❸②で切り抜いたプラダン板も，長辺・短辺の1辺を5mm程度切って小さ
　くする。スタンプの形状に合わせて，真ん中を切り抜く。

❹ジグ枠とスタンプ板へ同じ色のビニールテープを貼り，色のマッチングで
　手がかりを示す。スタンプの穴にも色を変えテープを貼る。

❺基礎段ボールをジグと同じ大きさで切り出し，ジグの枠を両面テープで貼
　り付ける（紙が隙間に挟まるため，際へテープを貼る）。

❻スタンプの板へも同様に段ボールを貼り付けて厚みを作る。

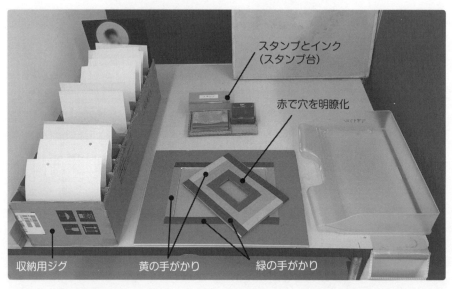

左の紙を取りスタンプして右トレーへ入れ，なくなったら終わりの設定

ペットボトルのラベル剥がしの設定

制作難易度 ★★★☆

❶基礎段ボールを用意する。

❷段ボールを切り，ボトル3/4の高さの材にする。ボトルは太さが多様なため，10cm 四方の穴を作る。必要本数分の部材を切り出す。

❸木工用ボンドで接着し，セロハンテープで仮止めして組み立てる。

❹ラミネート加工した数字カードを2つずつ作り，一方をジグに貼る。さらに，面ファスナーも貼る。

❺用具の写真をラミネート加工し，面ファスナーを貼る。

❻自立課題のワークシステムのボードへ数字カードをつける。机に面ファスナーを貼り，用具の写真カードをつける。

❼ジグを棚に設置する。

穴2つをふさぐと，ボトル4本用に
設定変更が可能なジグ。

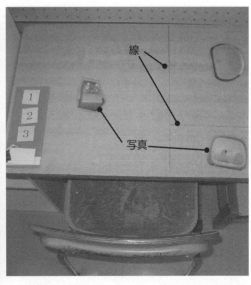

数字カードを用いたワークシステム。子ども自
身で設置する用具の位置は，線や写真で視覚的
に示す。

ネジの封入作業の設定の改善

制作難易度 ★★☆☆

❶課題場面で子どもが活用していたジグを再検討する。教師が，実際に最後まで作業をやってみる。

❷量が多いと実感できたため，真ん中で縦に切断することに決める。

❸カッターナイフ（大）の刃を長めに出し，真ん中の仕切りの片側に沿って切る。裏返して，底部分も傷を見ながら定規をあてて切る。

❹2つになったジグの一方は側面がないため，新たな基礎段ボールを切って作り，木工用ボンドで接着する。

❺1つのジグが2つのジグになる（計6個）。3つは別作業に用いる。

❻ラミネート加工した数字カードの台紙を貼り替える。

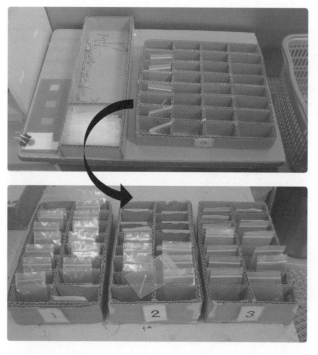

ジグは封入した小袋が自立して収まる幅および深さの枠になるように制作する。
封入後に取り出しやすいよう，つまめる程度に小袋上部が出る深さにする。
ジグは，片手で扱える程度の大きさを基本に制作する。

プットイン教材

制作難易度 ★★★☆

お金を使わず，日常にある物で作れるプットイン教材を紹介します。

❶色付きのペットボトルキャップと丈夫な段ボールを用意する。

❷キャップの大きさを段ボールにあて，本体サイズ，高さを決める。

❸（のりしろを作らず）部材をカットする。キャップを取り出せる構造にするため，投入口側を被せるようにひと回り大きく作る[※]。

❹本体の箱部と受け皿部の接続は底面で繋げ，隙間を作るように組み立てる。木工用ボンドで接着し，セロハンテープで仮止めする。

❺投入口が壊れないようにするため，木工用ボンドを塗って強化する。

❻投入口側を被せてつけ，受け皿にキャップを入れる。

※活用時に動いてしまう際は，内部に面ファスナーをつけ固定する。

段ボールで制作しても，長期間の安定した使用が可能。木製の場合は，内部の物を取り出す開口部を背面にあけ，蝶番で扉をつけて取り出せるようにして制作するため構造（制作方法）が異なる。

型はめ教材

制作難易度 ★★★★

❶魅力的なはめ板を用意する（100円ショップなどで買う）。はめ板より少し薄い板材と角材，ベニヤ板を用意する。

❷薄い板へはめ板を合わせて形をなぞる。その後，2～3mm程度大きく罫書きしてから糸鋸盤で切り抜く。

❸②の型側へ底板をつける。ベニヤ板を合わせて罫書し，カッターで切る。木工用ボンドをつけて接着し，底面からネジで固定する。

❹角材を③へ合わせてカットし，同様に接着してネジで固定し，側面に縁をつける。

❺オービタルサンダー（紙やすり可）で全体を削る。下地に水溶き木工用ボンドを塗り，乾いたら黒色ジェッソ（下地絵の具）を塗る。

❻乾燥したら水性ニスを塗る。

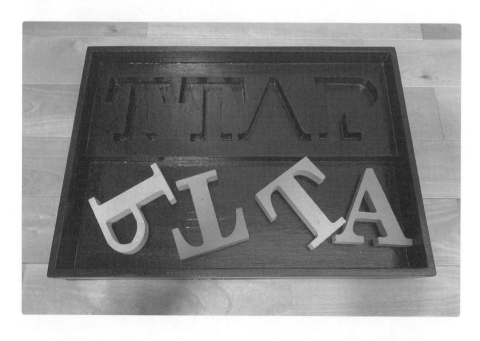

作業学習への接続を目的とした教材

制作難易度 ★★★☆

❶角材（幅40mm×9mm）とベニヤ板（3～5mm）を用意する。

❷手提げホルダーの大きさに合わせて外枠を決め，角材を鋸で切る。横材2，縦材3の2種の材。

❸底面部を作る。全体の大きさを定規で計測し，ベニヤ板に罫書してからカッターナイフで切る。

❹木工用ボンドで接着し，枠を組み立てる。底からネジで固定する。

❺カッターナイフでベニヤ板を切り，手提げホルダーを入れる枠の材（幅3cm）を切り出す（ホルダーを10入れる場合は11枚切る）。

❻材を木工用ボンドで接着する（手提げホルダーが2つ入らない幅にする）。

❼やすりがけをして，ささくれなどを確実に取り除く。

❽水溶きボンドで地塗り後，黒ジェッソで塗装してからニスを塗る。

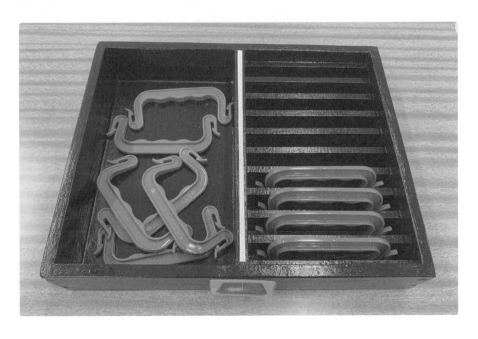

コミュニケート・絵カードツール

制作難易度 ★★☆☆

❶ PP 素材のリングファイル１つと色の異なるファイルを用意する。

❷ リングファイルの表紙の長辺を３cm 程度の幅で切り，角を取る。

❸ 異なる色のファイルも同様に３cm 程度に切り，コミュニケーション用の
バーを作る。中に収納するページ部分も異なる色で作る。

❹ ページ部分をパンチで穴を開けてリングファイルに綴じ，ブック状にする。
表紙とページ部へ縦に面ファスナーを貼る。バーをつける部分とバー側へ，
横に面ファスナーを貼る。

❺ 要求のための「ください」カードと要求する事物のカードを作り，ラミネ
ート加工する。裏面に面ファスナーを貼る。

❻ 普段使うカードを表紙につけ，それ以外は内部に収納する。

増えていくカードは内部へ収納

日常生活へジグの機能を応用した箱

制作難易度 ★★☆☆

❶入れる物を決め，必要量の基礎段ボールを用意する。

❷入れる物の大きさよりも，ひと回り大きい枠（箱）になるように，底面と側面用の部材をカッターナイフで切り出す。

❸木工用ボンドで接着し，セロハンテープで仮止めする。

❹物の写真を実物に近い大きさで印刷し，ラミネート加工する。

❺収納する方向を決め，写真を収納箱の底部や側面に貼る（設置場所の高さや位置によって，最も見やすい面につける）。

❻教室内の設置するエリアを決め，箱を両面テープで固定する。

❼使用開始時に，子どもに収納方法を教えてから使い始める。

正面に子どもの写真や名前を貼り，収納場所の手がかりを示す。すっぽり入って，日常的には物が視界に入らず，隠れる高さにする。

隙間時間の活動をつくるためのグッズ

制作難易度 ★★☆☆

❶板や角材などの廃材を集める。緑色の不織布，ビー玉やプラスチックのチップなどを用意する※。

❷内部に空洞がある立体構造になるように廃材を組み合わせる。

❸木工用ボンドで接着し，セロハンテープで仮止めして組み立てる。

❹空洞にビー玉などを入れてから最後の材を接着し，構造をつくる。

❺不織布の表裏両面へ木工用ボンドをたっぷり塗り，立体全面へ不織布の端を重ねながら貼る。

❻クリアフォルダーの上に置いて乾燥させる（他に接着させないため）。

※子どもと一緒に作る過程が重要なため，安全性を考え，鋸などで切る工程は設けずに制作する（あくまでも，個別の事例として紹介する）。

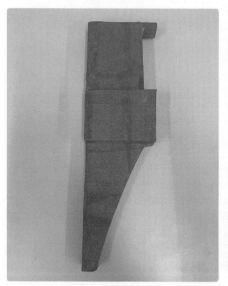 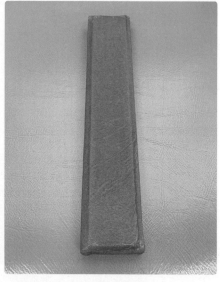

個別のニーズに合わせ，必要な機能・要素のみでシンプルに制作する。

【著者紹介】

佐々木　敏幸（ささき　としゆき）

東京都立港特別支援学校　研究主任。修士（美術／教職）。青年海外協力隊（エジプト・美術）を経て現職。

〈主な著作〉

共著『美術の授業のつくりかた』（武蔵野美術大学出版局）

分担執筆『よくわかる！自閉症スペクトラムのための環境づくり』（学研プラス）

連載「広がれ！自分らしさを引き出す「おもしろ」図工・美術の授業」『特別支援教育の実践情報』2020〜2021年度（明治図書）

縄岡　好晴（なわおか　こうせい）

大妻女子大学人間関係学部人間福祉学科　助教。修士（教育学）。社会福祉士，精神保健福祉士，臨床発達心理士。千葉県発達障害者センター係長などを経て現職。

〈主な著訳書〉

共訳『発達障害の人の就労アセスメントツール：BWAP2〈日本語版マニュアル＆質問用紙〉』（合同出版）

分担執筆『これからの「共生社会」を考える　多様性を受容するインクルーシブな社会づくり』（福村出版）

分担執筆『就労支援サービス：雇用支援雇用政策』（弘文堂）

〔イラスト〕岸本祐子

自閉スペクトラム症のある子の「できる」をかなえる！

構造化のための支援ツール　個別編

2021年6月初版第1刷刊	©著　者	佐　々　木　敏　幸
2022年8月初版第4刷刊		縄　岡　好　晴
	発行者	藤　原　光　政
	発行所	明治図書出版株式会社

http://www.meijitosho.co.jp

（企画）佐藤智恵（校正）井草正孝

〒114-0023　　東京都北区滝野川7-46-1

振替00160-5-151318　電話03(5907)6703

ご注文窓口　電話03(5907)6668

＊検印省略　　　　　　組版所　広研印刷株式会社

本書の無断コピーは，著作権・出版権にふれます。ご注意ください。

Printed in Japan　　　　　　ISBN978-4-18-358710-7

もれなくクーポンがもらえる！読者アンケートはこちらから

→